ERNEST GAY

La Guerre en province

1870-71



# CAMPAGNES

## de la Loire et du Mans

# Campagnes de la Loire et du Mans

# DU MÊME AUTEUR

**Le Commandant Marty**, brochure (*épuisé*).

**Le Sergent Villajoux**, 1 vol. gr. in-18. Ollendorff (*épuisé*).

**Baronnette**, 1 vol. gr. in-18 (5e édit.). Lalouette (*épuisé*).

**Le Sergent Villajoux**, 1 vol. gr. in-4° illustré. Boulanger (*épuisé*).

**Six mois à l'Ennemi**, 1 vol. (*épuisé*).

**Nos Édiles**, 1 vol. gr. in-4° (1893-1896).

**Dernière Défaite**, 1 vol. gr. in-18. Savine (*épuisé*).

**Le Sergent Villajoux**, 1 vol. in-18. Collection Dentu, à 0,60 centimes.

**Fille de Comtesse**, 1 vol. in-16. Collection Flammarion, à 0,60 centimes.

**L'Algérie d'aujourd'hui**, 1 vol. in-8° carré, illustré. Combet et Cie.

**Nos Édiles**, 1 vol. gr. in-4° (1900-1904). Publication de la Cité.

**Nos Édiles**, Supplément (1903). Publication de la Cité.

**Nos Édiles**, 1 vol. gr. in-4° (1904-1908). Publication de la Cité.

**La Question Tchèque** (*Monde moderne*, février 1907).

**La Bohême à vol d'oiseau**, 1 vol. gr. in-8° illustré, 1907, Juven.


## SOUS PRESSE :

**La Tunisie d'aujourd'hui**, 1 vol. in-8° carré, illustré. Boivin et Cie.

ERNEST GAY

## La Guerre en Province

# Campagnes de la Loire et du Mans

### 1870-71

PARIS

**DUCROCQ, LIBRAIRE-ÉDITEUR**

55, RUE DE SEINE, 55

A

MES  COMPAGNONS  D'ARMES

# LETTRE DE M. DE FREYCINET A L'AUTEUR



MONSIEUR,

*Je vous remercie de m'avoir communiqué les épreuves du livre que vous présentez aujourd'hui au public sous le titre :* Campagnes de la Loire et du Mans.

*Ces pages émues et sincères évoquent le souvenir d'une époque déjà lointaine, mais dont les conséquences pèsent encore bien lourdement sur notre pays.*

*Dans la fonction modeste où vous l'avez traversée, vous ne pouviez voir qu'un coin du tableau. Mais combien finement vous l'avez observé ! De quelle main experte vous en avez marqué les traits !*

*De ce récit sans prétention, se dégage une haute morale. A cette heure funeste, les bonnes volontés, les dévouements n'ont pas fait défaut. Mais ils ont été paralysés dans leur action : ils manquaient de préparation. La France s'est laissé surprendre dans une sécurité trompeuse. Elle avait eu le tort, pour rappeler un mot célèbre, de ne pas « tenir sa poudre sèche « et son épée aiguisée ».*

*Que la leçon du moins nous profite et que la génération qui vient, ne retombe pas dans le tort de son aînée! Qu'elle ne renonce pas aux préparatifs incessants sans lesquels il n'y a pas de défense assurée. Qu'elle érige le devoir militaire au premier rang des devoirs civiques, et qu'elle sache bien que la « paix armée » est la condition indispensable de l'indépendance de la patrie.*

*Des livres comme le vôtre, en vulgarisant les détails de la guerre de 1870, en montrant les dangers de l'improvisation, la nécessité de la réflexion et de la méthode, font, à ce point de vue, la plus utile des propagandes. C'est, suivant l'expression à la mode, une « leçon de choses ». Il la faut désirer aussi étendue que possible. C'est pourquoi je souhaite bonne chance à votre volume.*

*Agréez, Monsieur, l'assurance de mes meilleurs sentiments.*

C. DE FREYCINET.

# PREMIÈRE PARTIE

# CAMPAGNE DE LA LOIRE

# LA GUERRE EN PROVINCE

## PREMIÈRE PARTIE

## CAMPAGNE DE LA LOIRE

### I

DÉCLARATION DE GUERRE. — DÉPART POUR TOURS. — UNE REVUE ORIGINALE. — A AMBOISE. — ORGANISATION ET MANOEUVRES. — PREMIÈRE ÉTAPE POUR LA FRANCE.

Depuis 1866, la guerre semblait être devenue inévitable entre la France et la Prusse. C'était une nécessité : il fallait un sanglant épilogue à la bataille de Sadowa.

Aussi, la nouvelle en fut accueillie en France, au mois de juillet 1870, avec une joie plus patriotique que raisonnée.

Ce fut un enthousiasme indescriptible.

La confiance régnait dans l'armée. Partout, sur son

passage, le peuple lui faisait des ovations et c'est accompagnés par le cri de : à Berlin ! poussé par des millions de poitrines, que nos soldats, pleins d'ardeur, se portèrent à la frontière.

Les événements se précipitaient avec une rapidité déconcertante. La campagne débuta par un léger succès, suivi bientôt de revers irréparables. Wissembourg effaçait Sarrebruck, malgré l'héroïsme de nos troupes ; Reicshofen était un désastre, malgré la charge devenue légendaire des cuirassiers et, écrasée par le nombre, l'armée française se réfugiait sous les murs de Metz où elle fut bloquée par les Prussiens.

On équipait les gardes nationales mobiles, seuls éléments sur lesquels on pût compter pour combler les vides et renforcer les régiments de marche. De son côté, la jeunesse avait répondu à l'appel de la France en danger et s'offrait à se sacrifier pour la Patrie.

La défaite de Sedan et la prise de la seule armée qui nous restât en rase campagne, vinrent surprendre la garde mobile en plein travail d'organisation.

Qu'importait l'organisation ! On espérait vaincre le nombre par le nombre ; on ne songeait pas que les jeunes troupes lutteraient difficilement contre des troupes aguerries et ranimées par de récentes victoires.

Le devoir avant tout !

L'Empire avait succombé à la suite de la capitulation de Sedan, mais ceux qui mettaient la France

CHARGE DE REICHSHOFEN
(LES 8ᵉ ET 9ᵉ CUIRASSIERS)

*Les munitions manquaient, le nombre des Prussiens grandissait tou-
jours. Mac-Mahon, voyant son aile droite débordée, abandonna le
champ de bataille après s'être assuré que le renfort qu'il attendait du
général Failly ne viendrait plus, et, pour couvrir sa retraite, il demande à ses hardis cavaliers, à tous ses géants de la brigade des cuirassiers, de vouloir bien se sacrifier pour sauver le reste de l'armée. Et
ils s'élancèrent, officiers en tête, sur ce flot humain de Prussiens. Dans
cette action, on a pu se rendre compte de ce que l'amour frémissant du
drapeau, le mépris de la mort, la rage de la défaite, peuvent engen-
drer de sacrifices héroïques!*

au-dessus des partis, furent indifférents à la révo-
lution d'où sortit la République. Le drapeau de nos
pères conservait ses couleurs, et le régiment des mobiles de la Dordogne (22ᵉ de marche), mal équipé, mal
vêtu, mal armé, s'embarqua le 24 septembre 1870,
dans un train spécial qui le conduisit à Tours.

A peine descendu des wagons, le régiment fut passé
en revue par M. Glais-Bizoin, membre du gouvernement de la Défense Nationale. On croira sans peine
que la revue ne fut pas extrêmement sérieuse, et l'in-
corrigible interrupteur des assemblées législatives
excita le rire de la légion périgourdine.

M. Glais-Bizoin n'était pas beau, sa mise était des
plus négligées : ses chapeaux sont demeurés légendaires. Celui qu'il portait ce jour-là, était gris sale, à
haute forme et brossé à rebrousse-poil. On souriait,
dans les rangs : les soldats gardèrent un souvenir
très vif de cette revue, et quand ils en parlaient, voulant faire allusion au général civil inspecteur, ils disaient en leur langage pittoresque :

— Te souviens-tu du hérisson que Glais-Bizoin
avait sur la tête ?

Comme on demandait des renseignements sur ce
qui se passait à Paris, M. Glais-Bizoin répondit :

— Nous avons d'excellentes nouvelles de Paris. On
a parlementé avec l'ennemi qui a émis des prétentions
exagérées, et lorsqu'on a connu les conditions impo-

sées par les Allémands, la garde nationale s'est portée en masse sur les fortifications et a salué les Prussiens dans la plaine !

M. Glais-Bizoin racontait cela sérieusement et
paraissait absolument convaincu que les soldats de
Bismarck seraient fort peu rassurés, à l'avenir !

Le lendemain on distribuait des chassepots.

Tours présentait un lamentable spectacle.

Des troupes de toutes armes s'y entassaient et, avec
ces débris, il fallait former de nouveaux régiments.

La débandade avait amené l'indiscipline. La ville
manquait de sécurité. Des corps francs s'organisaient,
qui prétendaient s'affranchir de toute tutelle. Des
fautes très graves furent commises contre la discipline. Les francs-tireurs de Paris firent prisonnier
leur colonel ; des soldats tiraient, dans la rue, sur leurs
officiers... Le gouvernement s'émut d'une pareille
situation, et le ministre de la Guerre par intérim, le
vice-amiral Fourichon, adressa aux troupes l'ordre du
jour suivant :


Membre de la délégation gouvernementale siégeant à
Tours, je m'associe à mes collègues pour faire appel à tous
les dévouements : ministre de la Guerre par intérim et
ministre de la Marine, je m'adresse particulièrement aux
armées de terre et de mer et à la garde mobile.

Officiers, sous-officiers, soldats et marins, la France a
subi de cruels revers, mais son âme n'en est point abattue ;

elle garde la confiance de ramener, par son indomptable ténacité, la fortune à son drapeau. Toutes les forces de la nation se dressent: gardes nationales mobiles, corps francs, gardes sédentaires, s'unissent à l'armée régulière et à la marine pour défendre l'indépendance et l'intégrité du sol ; nous avons d'immenses ressources ; avant peu, elles seront organisées et concentrées pour venir en aide aux vaillants défenseurs de Paris.

Des complaisants disaient naguère que les richesses de la France étaient inépuisables. Ce qui est vraiment inépuisable, c'est le dévouement absolu à la cause de l'affranchissement national. Des armées aussi nombreuses que celles de l'ennemi éprouvent inévitablement de grandes difficultés pour assurer leur subsistance. Puisqu'elles prétendent avoir notre capitale, il faut les cerner à leur tour, les enfermer dans la zone ravagée qu'elles occupent, couper leurs convois, les fatiguer d'attaques incessantes à l'aide de petits corps se prêtant un mutuel appui.

La nation française a prouvé, à d'autres époques et contre les mêmes adversaires, qu'elle savait opérer des miracles ; elle en fera un de plus en épargnant à notre glorieux pays l'humiliation qu'on voudrait lui faire subir. Mais, pour vaincre, le nombre ne suffit pas ; l'ordre et la discipline y contribuent plus encore. Sans ordre, sans discipline, les armées ne sont que des multitudes plus redoutables pour leurs concitoyens que pour l'ennemi : au lieu d'être l'orgueil et la force de la Patrie, elles en font la honte et la faiblesse. « Je sais obéir ! » disait récemment un glorieux maréchal (1) ; que chacun de vous s'impose donc ce noble exemple !

Officiers, soldats et marins, c'est à vos sentiments les

(1) Le maréchal Canrobert, en acceptant de servir sous les ordres de Bazaine.

plus généreux que je m'adresse, c'est à votre filial attachement au pays que je fais appel. Assez de malheurs l'ont frappé déjà ; qu'il ne soit ni affligé, ni affaibli par les spectacles de la confusion et du désordre dans les rangs de ceux qui peuvent le relever de ses désastres et sauver à la fois, par un suprême effort, son indépendance et son honneur !

Cet ordre du jour prouve quelles étaient les préoccupations du gouvernement et, aussi, dans quel désarroi étaient les troupes.

On commençait à redouter l'arrivée de l'ennemi et, dès lors, des mesures furent prises pour couvrir le siège du gouvernement. Nos mobiles avaient des fusils, mais point de munitions. Le bataillon partait pour Amboise menacée par les Prussiens. Nous nous présentâmes au dépôt d'artillerie. Il était sept heures du matin.

— Que voulez-vous, lieutenant ? demanda le sous-officier préposé à la distribution des munitions et des nécessaires d'armes.

— Je veux des cartouches, des aiguilles, des obturateurs, enfin tout ce qu'il faut pour se servir d'un chassepot.

— Impossible, on n'ouvre qu'à *neuf heures !*

Et le bataillon partit, exposé à rencontrer l'ennemi auquel il aurait crié :

— Tu repasseras ! Là-bas, à Tours, on ne distribue des munitions qu'après neuf heures.

Et les Allemands auraient pu, faisant mieux et plus que les Anglais à Fontenoy, tirer les premiers et les derniers !

Enfin, Amboise fut occupée et des détachements furent envoyés à Vouvray, à Monnaie, à Reugny et à Autrèche. Et, ici, qu'il nous soit permis de payer un tribut de reconnaissance à une dame qui avait reçu en partage, et la fortune et la générosité. Mme Archdeacon a, pendant quinze jours, fait oublier leur famille à de braves jeunes gens qui retrouvaient en elle la mère absente! Quand la fortune est ainsi employée, elle ne fait pas d'envieux : on bénit ceux qui la possèdent. La famille Archdeacon, d'Autrèche, a bien mérité de ceux dont elle a soulagé les misères et l'infortune !

L'ennemi ne se montrait pas. Une seule fois, le bruit du canon parvint jusqu'à nos oreilles. On se battait à Arthenay.

D'Autrèche on regagna Amboise ; les autres compagnies rallièrent cette ville et, dès lors, les manœuvres d'ensemble commencèrent.

La Loire, à Amboise, forme une presqu'île assez vaste, complètement nue : le sol est aride, sabloneux et inégal. Bien que le sable mouvant de cette presqu'île rendît la marche pénible, il avait fallu choisir ce terrain pour manœuvrer.

En même temps que les mobiles, il y avait à Amboise un petit corps de francs-tireurs alors en formation. Ce corps était commandé et organisé par M. de Cathelineau. Mobiles et francs-tireurs vendéens s'entendaient à merveille. Le commandant de Cathelineau nous reçut dans le château d'Amboise où il était logé, là où Abd-el-Kader avait été prisonnier. Sur la plateforme du château on voyait encore, surmonté d'un croissant, un mausolée renfermant les restes de l'une des femmes du redoutable émir dont le souvenir rappela le « pays » aux mobiles de la Dordogne qui n'ignoraient pas que c'était le maréchal Bugeaud, leur compatriote, qui avait vaincu Abd-el-Kader.

La campagne allait commencer et nous reçûmes l'ordre de nous rendre à Blois.

Cette première étape était longue : quarante-deux kilomètres ! Elle fut gaiement entreprise et gaiement achevée. Nous faisions brigade avec de la ligne et des chasseurs à pied, partis un peu avant nous. La grande halte se fit à Chaumont où se trouve le remarquable château de ce nom, ayant appartenu aux Médicis.

A notre arrivée à Chaumont, les habitants effrayés fermaient portes et fenêtres. L'ennemi n'aurait pas été plus mal accueilli. Il fallut agir d'autorité pour faire ouvrir les boutiques des boulangers. L'incident fut de courte durée, et tout s'expliqua. On se plaignait des troupes qui nous avaient précédés, sous le prétexte qu'elles n'avaient pas suffisamment payé ce qu'on leur avait fourni.Cette espèce de résistance de la part de la population donna à nos hommes une grande confiance dans la qualité de leur nouvelle arme, le chassepot. Voici le fait :

Deux mobiles entrent dans une maison, demandant à acheter du vin pour remplir leurs bidons et boire pendant leur frugal repas.

— Nous n'en avons point, répondit la maîtresse du logis, les soldats nous ont tout pris !

— Nous, nous vous paierons, nous avons de l'argent !

— On m'a pris tout mon vin !

— J'aperçois deux barriques, là, dans la cave à côté...

— Elles sont vides !

— Nous allons voir !

Et les deux moblots vont taper sur les barriques qui rendent un son plein et réjouissant. Mais il faut percer la barrique, et la femme est peu disposée à prêter les instruments nécessaires.

— Bah ! dit l'un, nous allons bien voir.

Et mettant une cartouche dans son chassepot, il tire sur la barrique, pendant que l'hôtesse, effrayée, s'enferme dans sa chambre.

La balle a percé la barrique, de part en part, et nos deux mobiles ont pu boire, chacun de son côté, par ces faussets d'un nouveau genre. Dire que le vin bu ou emporté a été bien payé, serait peut-être de l'exagération, d'autant plus que ces hommes, ne rencontrant pas la femme récalcitrante, ont très probablement oublié d'acquitter leur dette. Par exemple, ils bouchèrent les deux ouvertures ! C'était là une attention délicate dont on devait leur savoir gré.

La grande halte terminée, on se remit en route.

Avez-vous jamais fait une longue étape et vous est-il arrivé de consulter, à plusieurs reprises, les gens du pays, sur la distance qui vous sépare du lieu de destination ? Si oui, vous comprendrez combien des soldats peu habitués à la marche et fortement chargés, doivent souffrir lorsque les paysans qu'ils questionnent, répondent :

— D'ici Blois ? il n'y a qu'une petite lieue !

Alors on secoue son sac, comme pour se donner du courage, et on repart. Une heure après, vous refaites la même question.

— D'ici Blois ? il y a huit kilomètres.

On croit toucher au but et il semble qu'on s'en éloigne ; c'est ce qui fatigue le plus le soldat, et nous nous rappellerons toujours les calculs fantaisistes des Blaisois.

Avez-vous, aussi, après une marche de trente-sept kilomètres, côtoyé la Loire, à l'approche de la nuit, au moment où les becs de gaz se reflètent au loin dans l'eau claire du fleuve ? Si oui, vous comprendrez

aussi la lassitude de celui qui, se croyant parvenu
au gîte, prend les lumières de la ville pour les termes
de sa course, ne songeant pas qu'elles sont bien éloi-
gnées encore et qu'il n'est pas au bout de ses fatigues.

Les cinq kilomètres qui nous séparaient de Blois
se firent sentir bien plus que l'étape elle-même, et
nos jeunes mobiles ressemblaient au voyageur qui,
dans le désert, croit apercevoir devant lui de grandes
nappes d'eau où il pourra étancher la soif qui le dé-
vore. Et, toujours, les lumières étaient pour nous un
mirage décevant !

Enfin, on arriva, fatigués, harassés, trempés jusqu'aux os, car la pluie n'avait pas manqué, mais con-
tents.

C'était la première étape faite pour la France, du
côté de l'ennemi !

## II

A BLOIS. — LE 3ᵉ BATAILLON DES MOBILES DE LA DORDO-
GNE EST DÉTACHÉ AU CORPS CATHELINEAU. — ENTRÉE
EN CAMPAGNE. — LE VILLAGE DE LAILLY INCENDIÉ
PAR LES PRUSSIENS. — HÉROÏQUE SOLDAT. — AFFAIRE
DE DRY. — CAPTURE DE RÉQUISITIONS PRUSSIENNES.—
EN AVANT, VERS ORLÉANS.

Blois était encombrée de troupes.

Nos mobiles furent logés dans les greniers de la halle dont le rez-de-chaussée était occupé par des hussards. Mal vêtus, sans couvertures, nos hommes n'avaient pas d'habits de rechange et, cependant, cette précaution était d'autant plus utile qu'après avoir fait une longue marche, avoir reçu la pluie pendant plusieurs heures, ils durent coucher sur le plancher où il y avait peu ou pas du tout de paille : le lendemain, trente-sept mobiles entrèrent à l'hôpital où plusieurs moururent dans les vingt-quatre heures. Il n'aurait pas fallu beaucoup d'étapes comme la première pour anéantir le bataillon ! L'ennemi eût été moins meurtrier.

L'équipement fut complété et on reçut les ustensiles nécessaires pour vivre en rase campagne.

Sur la place, tout à côté des halles, campait un
escadron de chasseurs d'Afrique, vieux soldats d'Italie et du Mexi-
que qui se pri-
rent d'amitié
pour ces cons-
crits de la veille.
Ils les chapardè-
rent juste assez
pour les forcer
à surveiller ce
qui leur appar-
tenait. Les hus-
sards, logés dans
la halle, s'étaient
permis de sub-
tiliser aux mo
blots leurs mar-
mites neuves,
les remplaçant
par des vieilles,

LE LIEUTENANT GAY

de leur enlever leur distribution de riz, de café, etc.,
mais les campagnards, à l'école des chasseurs d'Afrique, apprirent à exercer leur ruse. La nuit, ils se levèrent, rentrèrent en possession de leurs ustensiles,

pillèrent les hussards, tant et si bien, que ceux-ci doublèrent leurs gardes pour ne pas payer trop cher ce qu'ils avaient pris à leurs jeunes camarades.

Les quelques jours passés à Blois furent employés en préparatifs, car on s'attendait à marcher bientôt à l'ennemi. Sur ces entrefaites, M. de Cathelineau recevait le commandement d'une colonne qui se composerait d'environ 2.000 hommes, pour éclairer les opérations de l'armée de la Loire. Le commandant vendéen pouvait composer à sa guise son petit corps d'armée, et son choix était fait d'avance, car il connaissait le 3ᵉ bataillon des mobiles de la Dordogne et son vaillant chef, le commandant Marty. Son choix fut ratifié par le général Pourcet (1) et par le minis-

(1) Le commandant Marty fut appelé par le général Pourcet. Tous deux discutaient les conditions de l'entente entre les francs-tireurs et les mobiles de la Dordogne. Le commandant Marty faisait des observations, posait des conditions. Impatienté, le général Pourcet s'écria :

— Mais vous faites bien le fier, commandant, pour un officier de mobiles !

Le commandant Marty répondit, vivement :

— Mais, mon général, j'étais officier supérieur, que vous tétiez encore !

Le général Pourcet eut le bon esprit de rire de cette boutade un peu brusque et, tendant la main à l'*officier de mobile* :

— Ne pensons plus à cela, mon cher commandant, et faisons tous notre devoir !

En racontant cela, le commandant Marty disait avec bonhomie :

— Ce qui devait me faire punir me valut l'amitié du général !

tre de la Guerre. Dès lors le *Corps Cathelineau* était formé. Officiers et soldats furent enchantés de cette décision qui allait les faire entrer immédiatement en campagne. De plus, dans l'état où se trouvaient les troupes, la guerre de partisans paraissait la seule utile, la seule efficace.

Les mobiles étaient des jeunes gens pleins de bonne volonté et de courage, mais inexpérimentés, et la guerre de buissons leur souriait d'autant plus que tous étaient vigoureux, chasseurs ou quelque peu braconniers.

Certes, on savait que les difficultés seraient sans nombre, que les fatigues seraient grandes. Les vivres ne seraient plus assurés; il faudrait se les procurer soi-même et dans un pays ravagé par l'ennemi. Mais cet imprévu, cet inconnu avaient de l'attrait : le but était grand. Il s'agissait de renseigner l'armée française sur les mouvements des Allemands et, surtout, de ne pas se laisser surprendre. C'était l'application de la circulaire du vice-amiral Fourichon, ministre de la Guerre. Cette circulaire disait :

Je m'empresse de vous faire connaître les intentions du gouvernement, au sujet des bataillons et des régiments de gardes mobiles....

Le gouvernement de la Défense Nationale a dû se préoccuper de tirer parti de cette force considérable actuellement dispersée dans toute la France, qui est sans emploi et qui peut nous rendre les plus utiles services.

En conséquence, il a paru nécessaire de rechercher à répartir ces moyens de défense suivant les besoins. A cet effet, tous les départements menacés plus ou moins directement par l'invasion, ont été divisés en deux zones...

Lorsque la répartition générale sera terminée, l'ennemi se trouvera enveloppé en avant, sur les flancs et sur les derrières, par des forces qui seront disséminées partout et contre lesquelles il aura à se défendre sur tous les points à la fois...

Les gardes mobiles n'ont ni une instruction, ni des cadres, ni une constitution assez solides pour pouvoir être utilisées comme troupes de ligne ; elles sont destinées à agir en partisans et leur mission est, moins de combattre, que de harceler l'ennemi. Par leur présence tout autour de l'ennemi, elles gêneront les réquisitions dont il écrase les territoires envahis, mais elles doivent, surtout, faire des coups de main pour enlever les convois, couper les routes, les chemins de fer, détruire les ponts, etc. ; partout où les mobiles trouveront une résistance un peu sérieuse, ils se retireront pour tenter un autre coup sur des points plus vulnérables. En un mot, c'est une véritable guerre de partisans que ces troupes doivent faire...


Avant de quitter Blois on visita le château. Celui qui servait de cicerone, était un vieux serviteur qui avait appris ses boniments par cœur et les récitait avec une scrupuleuse exactitude. Il montrait l'endroit où était tombé le duc de Guise, en disant avec un aplomb superbe :

— C'est là que le duc de Guise a été assassiné le 23 du mois courant !

Le 26 octobre, le corps Cathelineau abandonnait Blois pour aller occuper la rive gauche de la Loire et, le soir même, en arrivant à Saint-Dié, il espéra se mesurer avec l'ennemi. Ce fut une fausse alerte, mais les Prussiens n'étaient pas éloignés. Le 27, on poussa un peu en avant, jusqu'à Saint-Laurent-des-Eaux, village qu'occupaient un bataillon de chasseurs à pied et un escadron de dragons que nous remplaçâmes, ces troupes ayant reçu l'ordre de se rendre à une autre destination.

Le lendemain du départ de Blois, pour la première fois, nous campions dans un petit bois, en avant de Saint-Laurent-des-Eaux, à Moque-Baril. Cette fois, on était bien en face de l'ennemi, et il fallait se tenir sur ses gardes. On ne prit pas la peine de se déshabiller, et les soldats passèrent la nuit dans des *gourbis*, sorte de charmilles faites avec des branches d'arbres entrelacées qui n'arrêtaient pas la pluie.

La première garde était réellement une nuit au bivouac !

Le 28, on attendait l'ennemi qui ne se présenta pas. Alors, comme Mahomet, on marcha vers la montagne, sans aucune espèce de succès. Ce jour-là, nous vîmes la première victime faite par nos armes. Un poste de francs-tireurs occupait la route, au milieu d'une forêt de pins. La nuit était venue, la sentinelle veillait. Un bruit parvient à son oreille, des pas se font entendre sur la route.

— Qui vive ! crie la sentinelle.

Personne ne répond. Les pas se rapprochent.

— Qui vive ! Qui vive !!

Même silence. La sentinelle tire, un corps lourd s'affaisse sur le sol. Le poste est sous les armes. On va voir et on trouve... un superbe cheval que la balle avait atteint à la tête. Le charretier, effrayé, s'était enfui, et la pauvre bête n'avait pu répondre aux sommations du franc-tireur !

Cependant l'ennemi est dans le voisinage et les éclaireurs à cheval de Cathelineau ont aperçu plusieurs cavaliers prussiens qui cherchent à se rendre compte de la situation. Deux compagnies se jetèrent sous bois pour essayer de surprendre les vedettes ennemies, mais ce fut en vain, car elles s'enfuirent dès qu'elles remarquèrent notre mouvement. La journée se passerait donc sans coup de feu, et nous dressâmes nos tentes dans le bois des *Bordes*, tout à côté de la propriété qui avait appartenu au célèbre romancier Eugène Sue. Bien qu'à cette époque, les bois qui se dépouillaient de leurs feuilles invitassent peu à la rêverie, on comprenait néanmoins combien l'auteur de *Mathilde* devait aimer à s'isoler dans sa solitaire demeure.

Ce n'est pas un château qu'il habitait, mais une

maison basse n'ayant qu'un rez-de-chaussée. En assez mauvais état, il était facile de s'apercevoir qu'Eugène Sue aimait le luxe et avait des habitudes qui juraient avec les théories émises dans les *Mystères de Paris*. Ce grand romancier avait donné un soin tout particulier aux espaliers et, de plus, il devait être un grand chasseur devant l'Éternel, car il avait beaucoup sacrifié à ses chenils, aux murs maintenant délabrés et pantelants, mais dénotant que la gent canine avait été autrefois princièrement logée.

En quelques jours, on était devenu soldat, et l'on savait parfaitement se tirer d'affaire et suppléer aux oublis de l'intendance. Les lapins qui abondaient tout autour de nous alimentaient la table. La gaieté ne faisait point défaut. Les moblots avaient donné à certaines compagnies, à certains chefs, des surnoms assez originaux. Une compagnie était commandée par un ancien enseigne de vaisseau : on l'appela la compagnie des *Gabiers* ; le commandant du bataillon devint le *Père Marty* ; M. de Puysségur, grand chasseur et chef d'état-major, fut surnommé le *Père Sanglier*… Avant la fin de la campagne, chacun avait son surnom.

Le bois des Bordes, où campait le corps Cathelineau, était situé tout près du village de Lailly, en partie détruit et incendié par les Prussiens qui y avaient commis des actes que réprouvent l'humanité, les mœurs et la civilisation. Leur conduite mérite d'être flétrie et celle de l'un des défenseurs du malheureux village, glorifiée. Ce fait est trop à l'honneur du 3e bataillon de chasseurs à pied, pour que nous le passions sous silence.

Lailly est situé sur la rive gauche de la Loire, à vingt-deux kilomètres environ d'Orléans. Ce village, peu important par lui-même, comptait fort peu d'habitants, mais sa position était exceptionnelle pendant la première campagne de la Loire, car il commandait la route de Beaugency et celle de Blois à Orléans. Aussi était-il visité chaque jour par des reconnaissances de cavaliers prussiens qui, quelquefois, s'avançaient jusqu'à Saint-Laurent-des-Eaux, et même jusqu'à Saint-Dié.

On était au mois d'octobre. La jeune armée de la Loire, qui devait gagner la bataille de Coulmiers, allait se mettre en marche et commencer ses opérations. Le 3e bataillon de chasseurs à pied, sous les ordres du commandant La Brune, fut envoyé occuper la rive gauche de la Loire, afin de surveiller l'ennemi et de renseigner sur ses mouvements. Dès ce jour, éclaireurs allemands et chasseurs à pied eurent de fréquentes rencontres et échangèrent des coups de fusil qui forçaient à la retraite les patrouilles prussiennes dont le but était uniquement de se rendre compte de la position occupée par les Français.

Dans ces escarmouches, les Prussiens laissaient quelquefois des leurs, car les chasseurs à pied faisaient bonne garde et justifiaient leur vieille réputation de chasseurs de Vincennes. Dans l'une de ces escarmouches, un officier de dragons bleus eut son cheval blessé sous lui et tomba à quelques centaines de mètres du village de Lailly; il fit des efforts pour fuir. Des paysans patriotes voulurent s'emparer de cet officier, le faire prisonnier et le remettre entre les mains des chasseurs, qui occupaient le village : les gens du village avaient saisi des échalas et forcé le Prussien à une complète soumission.

Ce fait est bien simple et nous comprenons que l'officier ait tenté de n'être pas fait prisonnier, mais il ne justifie en rien la conduite de nos vainqueurs pour lesquels tous les moyens d'intimidation étaient bons. Les Prussiens apprirent la chose et envoyèrent, le 25 octobre, une colonne de deux mille hommes avec deux pièces de canon, pour incendier et piller le village de Lailly. Une colonne de deux mille hommes devait, par sa seule présence, terrifier toute la contrée et faire reculer tous les avant-postes français! Erreur! Une soixantaine de chasseurs à pied occupaient le village et disputèrent, pas à pas, le terrain à l'envahisseur. Ce ne fut qu'après avoir brûlé jusqu'à la dernière cartouche, que cette poignée de braves regagna ses cantonnements.

Les Prussiens étaient venus, bien décidés à incendier ce pauvre bourg de Lailly, et cette héroïque résistance ne fit qu'ajouter à leur fureur ; aussi, restés maîtres du champ de bataille (le résultat n'en pouvait être douteux),s'en donnèrent-ils à cœur joie. Tout fut mis à feu et à sang ! Sur vingt maisons à peu près, formant le groupe du village,une seule fut totalement épargnée par les flammes ; quelques-unes échappèrent à l'incendie, grâce à leur éloignement. Peut-être, aussi, appartenaient-elles à de bons Français qui préféraient tromper leurs compatriotes pour mieux servir leurs bourreaux ! Cela se disait dans le pays, avec quelque raison.

Un jeune homme de douze à quatorze ans périt victime de son jeune âge. N'était-il pas un vengeur ? Une balle reçue au milieu du front et à bout portant, l'étendit raide mort !

Une femme,accouchée de la veille et atteinte de la petite vérole, ne put trouver grâce devant les incendiaires qui mirent le feu à sa maison où elle périt avec son enfant !

Un vieillard, atteint aussi de la petite vérole, mourut de la même façon. On n'avait pas voulu le laisser sortir !

Un enfant de quatre ou cinq ans fut jeté en pâture aux flammes !

Mais, au milieu de nos désastres, de nos défaillan-

ATTAQUE ET INCENDIE DU VILLAGE DE LAILLY

*C'est là qu'une soixantaine de chasseurs à pied disputèrent pas à pas le terrain à deux mille Allemands, et ce ne fut qu'après avoir brûlé jusqu'à la dernière cartouche qu'ils regagnèrent le cantonnement.*

ces, il est des faits isolés qui montrent le soldat français sous son véritable jour.

Le 3ᵉ bataillon de chasseurs à pied a, sans aucun doute, une belle page d'histoire, mais sa défense de Lailly contre une colonne ennemie, trente fois supérieure à son effectif, est un des plus beaux fleurons de sa couronne guerrière. Ce fleuron, il le doit à l'un des siens, à un soldat obscur qui a préféré mourir plutôt que de se rendre. Son nom nous est inconnu, mais si ces lignes arrivent jusqu'au corps qu'il a illustré, on saura se le rappeler.

Ce chasseur, ce simple soldat, enivré par la lutte, n'avait pas entendu sonner la retraite. Séparé de ses camarades et acculé entre deux murs, il brûlait ses cartouches, se faisant un rempart grouillant des cadavres ennemis. Sommé de se rendre, il se défendait toujours. Couvert de blessures, il tira sa dernière cartouche et, saisissant son chassepot par le bout du canon, il le brisa en s'écriant, encore debout, quoique chancelant :

— Voilà comment meurt un soldat français !

Il tomba, criblé de balles.

Nos reconnaissances passaient chaque jour dans ce malheureux village que nous aurions pu occuper, si cela eût été nécessaire (1). Mais nous avions la con-

(1) Le 28 octobre, le général Tripart avait envoyé l'ordre suivant à Cathelineau :

signe de rester sous bois pour pouvoir plus facilement surprendre l'ennemi et nous renseigner sur ses dispositions et ses mouvements. Le village était trop à découvert, à cheval sur la route d'Orléans et de Beaugency, mais il était notre centre d'opérations. La vue de ses ruines ne faisait qu'exciter davantage contre les barbares qui fuyaient toujours à notre approche. Cependant, d'après les renseignements parvenus dans notre camp, le 30, on pouvait espérer les rencontrer le lendemain.

En effet, un parti allemand composé d'infanterie et de cavalerie devait se porter, le 31, sur les villages de Dry et de Lailly. Alors, toutes les dispositions furent prises. On laisserait au camp, outre les gardes, les cuisiniers, la cantine.., une compagnie sous les ordres d'un capitaine, et le reste de la troupe marcherait au-devant de l'ennemi. Ces précautions étaient nécessaires car, lorsqu'on fait la guerre de partisans, guerre de ruses et de surprises, il est sage de se prémunir contre une attaque qui peut se produire en arrière, bien que le gros des forces soit en avant. Ce cas, du reste, s'est plusieurs fois présenté.

« Protégez le village de Lailly contre les *incendiaires*, et si on l'attaque, défendez-le vigoureusement. Je vous envoie le 3ᵉ bataillon de chasseurs à pied, il est parti à huit heures du matin et va vous arriver.

« Allez de l'avant, si l'ennemi commence à attaquer nos troupes sont massées ici et aux environs : tenez bon. »

A quatre heures du matin, guidés par un homme sûr, on se mit en marche et, sans sortir du bois, on se dirigea vers le village de Cléry, de façon à couper l'ennemi et à le rejeter soit sur notre camp, soit sur Moque-Baril, occupé depuis la veille par un bataillon de ligne de marche. Et, après des tours et des détours dans les bois et les chemins creux, nous arrivions à la route d'Orléans, en face du village de Dry. Il était sept heures.

Notre mouvement avait réussi, mais pas aussi complètement qu'on aurait pu le désirer. On pouvait cependant compter sur une réussite parfaite, car nous avions en face de nous vingt-cinq ou trente cavaliers prussiens qui, sans aucun doute, rentraient à leurs cantonnements. Or, comme ils éclairent bien loin en avant l'infanterie, nous espérions que la colonne prussienne les suivait. On se mit en bataille par divisions, à cheval sur la route d'Orléans qui se trouva ainsi barrée. Il ne restait plus qu'une issue, le bord de la Loire, et le commandant Cathelineau s'y porta, pour empêcher la fuite. Mais les Allemands, soit qu'ils aient aperçu ces dispositions, soit qu'ils aient renoncé à percer notre ligne, tournent bride. Au même instant une fusillade nourrie éclate et on voit, distinctement, tomber quelques cavaliers ; les autres ripostent par quelques coups de carabine, puis se divisent en deux groupes.

Les mobiles avançaient toujours. En arrivant à l'endroit où les cavaliers avaient essuyé notre feu, nous trouvâmes trois chevaux morts. L'un d'eux était blanc et devait être monté par l'officier commandant le détachement. Le pauvre animal avait servi de cible. On ne trouva ni morts, ni blessés, malgré les fouilles les plus minutieuses, et on supposa que les paysans, effrayés par l'incendie du village de Lailly et craignant le retour des Prussiens, les avaient cachés dans leurs maisons. Plus tard, l'expérience nous a appris que les cavaliers ennemis sont attachés sur leurs selles au moyen de courroies qui se détachent assez facilement. De cette façon, si l'homme est tué, le cheval peut continuer sa course en emportant un cadavre.

Quant à l'infanterie prussienne, elle était restée à Cléry et ne jugea pas à propos de porter secours à ses éclaireurs.

Pour la première fois, on avait rencontré les Allemands, et cette affaire pendant laquelle les moblots avaient montré beaucoup d'entrain et d'obéissance, eut un excellent résultat : elle leur donna confiance, tout en leur prouvant qu'il fallait agir avec prudence et circonspection, tant l'ennemi était près.

A partir de ce moment, il ne se passa plus de jour sans que mobiles et Prussiens n'échangeassent quelques coups de fusil. Le 3 novembre, dix hussards rouges tombaient dans une embuscade de francs-tireurs et de moblots et, sans le bruit occasionné par un sabre-baïonnette, bruit qui donna l'éveil, tous eussent péri ; mais ils détalèrent, essuyant une vive fusillade. L'un d'eux resta sur le terrain : cheval et cavalier avaient été atteints.

Ce hussard fut conduit à l'ambulance Cathelineau. On trouva dans ses poches un jeu de cartes, une bible et un plan de Paris de 1820 !

Chez l'ennemi, la prudence avait remplacé l'audace. Il pensait, maintenant, qu'il avait devant lui une résistance sérieuse. S'il avait connu notre petit nombre, tout autre eût été sa pensée, et il nous aurait fallu reculer devant des forces trop supérieures pour nous opposer à leur marche. Mais notre système l'avait dérouté. Chaque jour, ses éclaireurs nous rencontraient, dans toutes les directions, sur toutes les routes, dans tous les chemins, et notre présence les forçait à la retraite. Ils ne pouvaient se rendre compte de notre situation et de nos forces. N'avançant plus à coup sûr, ils n'avançaient pas du tout. On appelait nos éclaireurs les « hirondelles de la mort ».

Comment pouvaient-ils supposer qu'une poignée d'hommes osât camper à quelques kilomètres, en face de leur armée ? Souvent notre camp était faible, presque abandonné, alors que nos reconnaissances

pouvaient être prises pour l'avant-garde d'une brigade (1).

Ce système, qu'au début nous blâmions, nous en
avons reconnu ensuite l'excellence. Nous trouvions
qu'il était inutile de fatiguer, tous les matins, six compagnies sur sept, pour rencontrer quelques cavaliers
qui se retiraient aussitôt. Nous ne réfléchissions pas
que cette façon d'agir trompait l'ennemi qui ne tentait
plus de s'aventurer dans les bois qu'il croyait occupés
par cinq ou six mille hommes. M. de Cathelineau connaissait bien cette guerre de partisans, et, souvent, il
nous a tirés de mauvais pas où d'autres auraient été
surpris.

Une note du quartier général de Blois recommandait de surveiller attentivement les routes de la forêt
communiquant avec Beaugency et Jouy, afin d'arrêter au passage un troupeau de 800 têtes, destiné
aux Prussiens et vendu par un Français, nommé
Lasne. Les premières recherches furent vaines, mais
le 6, on captura un troupeau de 179 moutons qui

---

(1) Partout l'on voyait des postes, la colonne était cachée dans les
bois. Quelle était sa force ? Personne ne pouvait l'apprécier, à la
manière dont elle était disposée. Son front était large ; sa profondeur, qui la connaissait ?

Je comprends donc facilement l'incertitude de l'ennemi, sa prudence, sa retraite.

(*Le corps Cathelineau pendant la Guerre 1870-1871*, page 78.)

furent amenés au camp et, de là, expédiés à l'intendance de Mer qui en fournit un reçu, au crayon. Ce
reçu pouvait avoir quelque valeur comme autographe,
mais comme toute prise appartient au corps qui l'a
faite, on aurait certainement préféré toucher le montant du prix de ce troupeau. Dans la suite, on ne com-
mit plus semblable faute, afin qu'on ne pût appliquer
au corps Cathelineau le proverbe : 179 moutons et
le corps Cathelineau font 180 bêtes. On s'instruit à
ses dépens.

Les Prussiens ne s'aventuraient plus jusqu'à Lailly.
Les villages de Dry et de Cléry étaient devenus la
limite extrême de leurs pointes. Le 7, une reconnaissance faillit amener une rencontre sérieuse dont Dry
aurait été le théâtre. Une colonne ennemie forte de
quatre cents fantassins avec deux pièces de canon, s'é-
tait embusquée dans un bois, pendant que ses éclaireurs exploraient la route. Nos compagnies, divisées
par petits détachements déployés dans les vignes et
le long des haies, en avaient imposé aux Allemands.
Par une heureuse chance, ma section arriva devant le
bois occupé par les Prussiens.

— Entrons, disaient les mobiles, et foutons-les dehors !

Leurs yeux brillaient ; ils préparaient leurs fusils,
dégageaient, à moitié, la baïonnette du fourreau,
ouvraient les musettes contenant les cartouches.

Cela faisait plaisir à voir, mais notre responsabilité commandait la prudence. Je calmai cette impatience en prenant les dispositions de combat, en formant une ligne de tirailleurs avec pointe de reconnaissance et réserve ; un paysan s'offrit pour nous guider. La chose n'était point inutile, mais craignant une surprise, je pris une sage précaution : je sortis mon revolver et dis au paysan :

— Tu connais le bois, tu sais où sont les Prussiens et où il faut passer pour les atteindre : nous allons marcher ensemble, mais si tu nous trompes, tu sais ce qui t'attend !

Il ne broncha pas et répondit simplement :

— Marchons !

Tout cela avait été vite dit : les préparatifs n'avaient pas été longs, non plus. La pointe de reconnaissance fut commandée par le sergent de Machat, qui avait la confiance et l'affection des hommes et, follement peut-être, mais résolument, on entra dans le bois. Les autres compagnies nous observaient avec une angoissante inquiétude. Le commandant était anxieux. Dans son for intérieur, ce vieux soldat était ravi de notre témérité. Mais il redoutait un malheur, un échec, percevant très nettement le grouillement qui se faisait du côté allemand. Il disait au capitaine Dereix :

— Ce bougre-là ne doute de rien, n'a peur de rien,

ses hommes le suivraient partout, mais que va-t-il arriver ? Un contre sept ou huit et deux canons ! Enfin, préparons-nous à lui porter secours !

Nous n'avions cure, nous, de ces préoccupations et, simplement, la section des mobiles pénétra dans le bois, l'explora, avec la bonne envie de tirer et de cogner ferme sur les Prussiens qui s'étaient précipitamment retirés et se sauvaient par la route de Cléry. Eh ! bien, on enrageait de les voir ainsi s'éloigner, et les moblots, encore essoufflés par leur course à travers bois, criaient, le poing tendu :

— Ils n'ont pas voulu nous attendre, nous allons galoper après eux !

Il fallut calmer cette ardeur et arrêter cet entrain. La chose fut d'autant plus facile que l'adjudant-major du bataillon arrivait, bride abattue sur nous, disant :

— Lieutenant, halte ! attendez ici le reste du bataillon !

L'adjudant-major était un ami et un camarade de collège. Il mit pied à terre, me serra la main :

— Bravo ! mais ce que tu vas être engueulé par le commandant !

Et il nous raconta quelles étaient les craintes qu'inspirait une situation dont nous n'avions pas envisagé la gravité ! Mais puisque tout s'était bien passé, que nos hommes avaient montré l'ardeur et l'entrain de vieilles troupes, que les Prussiens s'étaient sauvés devant une poignée de moblots, est-ce que tout n'était pas pour le mieux ?

On attendit. Le commandant arriva bientôt. Quelle attitude allait avoir le chef et quelle signification allait-il donner au « sermon » annoncé et en présence des hommes qui venaient de si bien accomplir leur devoir ? Nous nous dirigeâmes vers lui.

— Ah ! vous voilà, vous, s'écria-t-il ! Ce n'est pas votre faute si vous êtes encore là ! Mais c'est fou ce que vous avez fait. Enfin ! Enfin !

Et le brave commandant ne trouvait pas ses mots, pour nous « engueuler », selon l'expression de l'adjudant-major Lagorce.

Il continua :

— Je ne vous laisserai plus aller seul, vous nous avez fait trop peur ! Vous ne sortirez plus qu'avec votre capitaine !

Nous ne répondîmes pas, mais les moblots se chargèrent de la réponse, en leur idiome du pays :

— *Drolei, quei choba, nous bourrorein pu* (1) !

Un vaste éclat de rire accueillit cette boutade et le commandant ne fut pas le dernier à en rire.

On le voit, le « savon » du commandant avait été assez doux et, plus tard, il le rendit plus doux encore,

____

(1) Voici la traduction, approximative, de la boutade : Camarades, c'est fini, on ne se battra plus !

en mettant à l'ordre du jour du corps, le lieutenant qui lui avait causé de si vives alarmes mais, en somme, avait forcé l'ennemi à une retraite précipitée (1).

Souvent nous nous sommes demandé pourquoi, à notre vue, l'ennemi se retirait sans jamais vouloir accepter le combat. Ce n'est certes pas que nous fussions bien terribles, et nous avons pensé qu'il redoutait d'en venir aux mains avec une poignée d'hommes dans la crainte de voir surgir tout autour de lui des troupes nombreuses dissimulées dans les bois. Notre seul mérite consistait à nous bien garder et à faire supposer que, derrière nous, il y avait une armée.

Le lendemain, le bataillon tout entier se porta sur Cléry. Des renseignements précis et circonstanciés annonçaient qu'une forte colonne prussienne viendrait faire de nombreuses réquisitions. Comme la veille, l'ennemi s'enfuit à notre approche, laissant entre nos mains cinq voitures chargées de paille, de

(1) Je retrouve, dans mes papiers, une attestation ainsi conçue :

« Le commandant du 3ᵉ bataillon des mobiles de la Dordogne, détaché au corps de Cathelineau, certifie que M. Jean-Ernest Gay, lieutenant, s'est conduit pendant toute la campagne, avec courage et intelligence et n'a cessé de montrer une intrépidité des plus ardentes pour marcher à l'ennemi, notamment :

1ᵉ A l'affaire de *Dry* où il n'a pas hésité à s'élancer en tirailleur avec sa section, dans un bois défendu par quatre cents Prussiens et deux pièces de canon... »

foin et d'avoine, dont il avait soldé la valeur. On se mit à sa poursuite, au pas gymnastique. Mais les Allemands détalaient très vite et on dut s'arrêter pour ne pas s'exposer au feu de l'artillerie de leur camp d'Olivet.

Les murs du village de Cléry étaient tapissés des placards du général de Thann. Ces placards furent enlevés, malgré les vives protestations du maire qui craignait que cette lacération n'attirât sur lui les foudres du général bavarois.

On le tranquillisait, cependant, en lui promettant de revenir le lendemain, et nous regagnâmes notre camp des Bordes, fiers et heureux tout à la fois de profiter des réquisitions de l'ennemi. Au moins, nous allions pouvoir remplacer les branches d'arbres et les fougères sur lesquelles nous couchions : il serait si agréable de coucher sur de la paille fraîche et de s'étendre à terre sur un lit propre !

La joie était au camp. Les mobiles brûlaient du désir de se mesurer avec ces Prussiens dont on avait tant parlé et qui étaient inabordables. Cette ardeur était de bon augure : le moral était excellent. On avait confiance, malgré la reddition de Metz, mais on voulait atteindre l'ennemi ! Hélas ! Si pendant longtemps nous avions avancé, plus longtemps encore, il nous faudrait reculer ! Mais, ce soir-là, le camp avait une extraordinaire animation. Les hommes défaisaient leurs tentes pour les replanter. Ils voulaient faire honneur à la paille nouvelle et avoir un appartement flambant neuf ! Les chevaux se bourrèrent d'avoine et l'âne du cantinier suivit leur exemple.

Un farceur, voyant maître Aliboron tout guilleret, après son copieux repas, pensa qu'après un pareil festin, il fallait boire. Il fut chercher un peu d'eau dans laquelle il mit beaucoup d'eau-de-vie mêlée à du marc de café, et présenta ce breuvage à l'âne qui l'avala très gaillardement. L'animal, très surexcité, se roula à terre, cassa la corde qui le retenait et se mit à galoper, en faisant retentir les échos d'alentour de ses braiements par trop sonores. Force fut de le conduire derrière nos lignes, car il jetait le désordre dans le camp. Cet âne était véritablement ivre et justifiait le proverbe. Le lendemain, on le fit rentrer. Il avait l'oreille basse. Avait-il conscience de sa mauvaise conduite ?

Le bois des Bordes, dans lequel nous avions séjourné une dizaine de jours, offrait un coup d'œil réellement curieux. On n'aurait jamais supposé que de jeunes troupes y avait campé, tant elles avaient procédé comme des vétérans. Les tentes étaient bien alignées; des cabanes, en branches d'arbres, servaient de salon de conversation où les loustics racontaient les histoires les plus incroyables et leurs impressions assaisonnées à leur façon. On se rece-

vait, souvent au détriment d'un voisin auquel on avait
« détourné » ses provisions, on s'amusait, c'était le
bon temps. Les arbres servaient de porte-manteaux;
par exemple, l'eau était rare et éloignée, et on ne
faisait pas sa toilette tous les jours. Et ceux-là qui,
quelques mois auparavant, semblaient faits pour ne
rien faire, jouir d'une grande fortune et « donnaient
la mode », prenaient gaiement cette vie nouvelle.

Les renseignements se modifiaient de jour en jour,
on pourrait presque dire d'heure en heure. Et il est
intéressant de consulter les documents officiels pour
montrer quelle situation nous était faite. Le général
Rébilliard, qui commandait la 2ᵉ brigade du 15ᵉ corps,
écrivait de Muides, le 7 novembre :

Mon cher commandant,

Si je vous avais conseillé de vous replier sur Moque-
Baril, c'est parce que vous m'annonciez la présence de
forces tellement considérables (50.000 hommes) qu'il vous
eût été impossible de conserver vos positions avancées
sans vous exposer à être coupé....

Mais Cathelineau ne voulait point battre en retraite,
ses positions étant excellentes. On avait derrière soi
la vaste forêt qui permettait, si on ne pouvait résister
de front à l'ennemi, de continuer à le harceler, tout en
surveillant ses mouvements. Il demandait du renfort,

il en attendait, et voilà qu'il apprend que nous sommes abandonnés, seuls sur la rive gauche, le général Rébilliard se retirant sur la rive droite. Qu'importe ! On reste, on prend ses mesures en conséquence. L'action se prépare pour une marche en avant, mais tout paraît devoir se passer sur la rive droite. Le général en chef d'Aurelle écrivait, le 7 novembre, une note confidentielle où on lit :

Mon cher commandant,

Je prépare un mouvement qui nécessite la concentration de toutes mes forces. En conséquence, je donne l'ordre à la brigade Rébilliard, que j'avais envoyée sur la rive gauche, de repasser sur la rive droite.

Vous allez donc être réduit à vos propres moyens, c'est-à-dire vos volontaires vendéens et le bataillon de mobiles. Basez vos opérations là-dessus.

.  .  .  .  .  .  .  .  .  .  .  .  .  .  .  .  .  .  .  .  .  .  .  .

Je crois devoir vous faire connaître, en effet, que nous allons faire un mouvement sur Orléans, de ce côté-ci, avec quatre divisions des 15ᵉ et 16ᵉ corps, et du côté de Gien avec une trentaine de mille hommes.

L'ennemi, prévenu peut-être de ce double mouvement, ou, dans tous les cas, se sentant doublement menacé, aurait évacué Orléans où il s'exposait à se voir enveloppé.

Il importe que vous gardiez, pour vous seul, le secret de cette opération.

Cette démonstration devait attirer l'ennemi, en nombre. Mais on ne quitta pas son poste. Et voici la co-

pie textuelle d'une lettre envoyée à tous les maires
sur la ligne :

Voudriez-vous bien vous charger d'envoyer, dans *le plus
court délai*, tous les chariots disponibles, à deux roues,
avec attelages, capables de transporter des poids considérables, à la gare du chemin de fer d'Orléans, avec fourra-
ges pour cinq jours ?

Signé : Baron de Thann.

Inutile d'ajouter que M. de Cathelineau ordonnait
aux maires de ne pas obéir et empêcherait, par tous
les moyens, d'enlever les charrettes, si on le tentait.

Le 9 novembre, vers une heure de l'après-midi, l'ordre arriva de lever le camp, pour aller occuper Cléry.
La marche en avant continuait, mais nous ne pensions
pas, en quittant les Bordes, partir pour Orléans.

# III

## BATAILLE DE COULMIERS

LE CANON GRONDE SUR LA RIVE DROITE DE LA LOIRE. — EST-CE UNE GRANDE BATAILLE. — ON PART. — RETRAITE PRÉCIPITÉE DE L'ENNEMI. — NOTRE ENTRÉE A ORLÉANS. QUELQUES ANECDOTES. — COURT REPOS A ORLÉANS.

Depuis le matin, le canon grondait sur la rive droite de la Loire. Son bruit lointain et sourd parvenait jusqu'à nous.

La bataille de Coulmiers était engagée.

Il était décidé qu'on irait en avant pour surveiller les points les plus éloignés et empêcher l'ennemi de les occuper. Cette décision était urgente et conforme aux exigences de la situation. Nous étions heureux de porter nos campements plus près des Allemands et d'aller occuper Cléry, ne fût-ce que pour tranquilliser les habitants. Mais les Prussiens venaient d'abandonner le village quand nous y arrivâmes. Ils se dirigeaient précipitamment sur Orléans.

Le canon s'entendait plus distinctement et l'on percevait le crépitement de la fusillade. Que signifiait la retraite, presque la fuite de l'ennemi ? On s'interrogeait avec inquiétude. Bientôt, une nouvelle se répand dans le pays. Confuse, douteuse d'abord, elle devient plus certaine, de minute en minute. Les Prussiens reculent, puisque le canon se rapproche d'Orléans !

Douce et poignante anxiété !

Était-ce une victoire sérieuse ou bien un de ces succès éphémères, simple prélude d'une catastrophe ? La fortune, lasse enfin de nous continuellement accabler, favorisait-elle nos efforts ? Les détails manquaient, mais, dans le pays, on espérait.

Nos plans sont changés. On ira plus loin et, sous une pluie battante, nous quittons Cléry, suivant pas à pas les Allemands qui fuient devant nous. A Saint-Hilaire, les mobiles prennent un peu de repos et achèvent le dîner que les Prussiens ont subitement interrompu. Mais la halte est de courte durée. Bientôt, nous traversons le Loiret sur un pont à moitié démoli que les Allemands ont encombré de meubles, de charrettes, de bois, de pierres, etc.., pour retarder notre marche et gagner quelque avance sur nous. Il fallut se frayer un passage sur ce pont, dit de Saint-Mesmin, au milieu des impedimenta de toute sorte, et défiler un à un.

Le commandant de Cathelineau, précédant notre colonne, était arrivé devant Orléans que l'ennemi avait évacué. Décidément, l'armée de la Loire venait de remporter une victoire, mais il ne fallait pas, la nuit, s'aventurer dans une ville comme Orléans, sans prendre de minutieuses précautions. Le pont pouvait être miné et sauter au moment de notre passage.

Tout était bien calme et, à onze heures du soir, sous une pluie qui tombait drue et froide, le corps Cathelineau entrait dans la ville de Jeanne d'Arc!

Les habitants dormaient où étaient enfermés chez eux, et les quelques curieux, attardés à leur toilette de nuit, qui passaient la tête aux fenêtres, se retiraient aussitôt, en entendant le pas cadencé de nos hommes sur le pavé de la rue. Pour eux, c'étaient les Prussiens qui revenaient ! Mais lorsque le bruit de l'arrivée des Français se répandit, ce fut une joie immense. Femmes, jeunes filles, enfants, vieillards, la population tout entière, en un mot, se montrait aux portes et aux fenêtres, sans se soucier du costume. Qu'importait! C'étaient des libérateurs !

A la mairie, la garde nationale, vêtue d'uniformes immaculés, flambants neufs, montait la garde, armée de fusils bavarois. Elle était fière, cette garde nationale, et comptait presque autant de colonels et d'officiers que de soldats !

Le tambour de ville parcourait les rues, battant la générale, et l'on voyait des habitants, presque nus, se mettre à sa suite et crier à tue-tête :

—Ouvrez, ce sont les Français !

On s'embrassait, on se serrait les mains. Fatigues, privations, défaites, humiliations, tout était oublié. Coulmiers effaçait tout cela. Une joie patriotique emplissait la ville. On se logea comme on put.

Orléans était évacuée, mais renfermait encore assez d'ennemis pour nous faire reculer et, même, nous surprendre. Ces ennemis, disséminés dans la ville, ne demandaient qu'à se rendre. La plupart, le 9 au matin, s'étaient cachés pour ne pas aller à la bataille, et il arriva qu'on fit lever des Allemands pour se mettre à leur place. Voici un fait qui nous est personnel. M. Gaucheron, pharmacien, rue Jeanne-d'Arc, 24, s'était empressé d'ouvrir sa porte et, nous ayant aperçu, s'écria :

—Entrez, lieutenant, vous devez avoir besoin de repos et de nourriture. Puis, on se tassera, car le lit dont je pourrais disposer est occupé par deux Bavarois !

Notre surprise fut grande, mais de courte durée. Nous entrâmes dans la pharmacie, puis dans la chambre, non sans prendre quelques précautions, c'est-à-dire avec le revolver au poing. Précaution bien inutile ! Aussitôt que les Bavarois nous aperçurent, ils se mirent sur leur séant et nous montrèrent leurs armes, dans un coin de la chambre. On les prit. Ils se levèrent, s'habillèrent et se laissèrent conduire sans peine à la mairie où ils furent remis à la garde du

poste. Ils étaient prisonniers, et pas du tout récalci-
trants. On changea les draps du lit et nous couchâmes là,
où, une demi-heure avant, reposaient deux Allemands.

Du reste, le fait ne fut pas isolé, tant s'en faut.
Presque tous les prisonniers qu'on fit étaient Bavarois
et se rendaient de fort bonne grâce. Fatigués de la
guerre, ils marchaient par force. Le nombre des prisonniers faits pendant la nuit s'éleva à huit ou neuf
cents. Un jeune officier qui avait fait ses études à
Colmar et parlait très correctement le français, nous
disait, le lendemain :

— Vous paraissez étonné de nous voir rendre si
aisément. Cela est simple, pourtant. On nous a forcés à marcher et, toujours, on nous met en avant.
Partis 73.000, nous ne sommes plus que 13.000 à
15.000. Nous sommes las de la guerre, voilà pourquoi
nous ne sommes pas allés à la bataille et voilà pourquoi nous nous rendons !

Le lendemain, les cloches de la cathédrale annonçaient à toute volée l'heureuse délivrance de la ville.
Orléans était en fête. Nous marchions littéralement
sur les fleurs. Les jeunes filles nous offraient des
bouquets. L'enthousiasme était à son comble. Notre
costume rapé, rapiécé, sale, n'en produisait pas moins
un brillant effet. N'étions-nous pas les premiers Français entrés dans la ville, après la bataille de Coulmiers ?

Par une glorieuse coïncidence, le régiment des

mobiles de la Dordogne avait enlevé le parc de Coulmiers, décidé de la victoire et était mis à l'ordre du
jour de l'armée : il avait bien mérité de la patrie (1).
Et l'un de ses  bataillons, après avoir, presque seul,
tenu la rive gauche de la Loire, portait, le premier, le
drapeau de la  France dans Orléans délivrée ! Il avait,
lui aussi, contribué à la victoire en chassant les Prussiens devant lui et en les forçant à une retraite précipitée.

La Dordogne pouvait être doublement fière de ses
enfants !

Le soir de notre arrivée, on nous avait prévenus
qu'un escadron de cuirassiers blancs était enfermé

(1) Voici le texte du décret du gouvernement de la  Défense Nationale, après la bataille de Coulmiers. C'est un  document  historique,
qui a sa place ici :

« Les membres du gouvernement de la Défense Nationale,

« En vertu des pouvoirs à eux délégués :

« Considérant que les corps dont la désignation suit, se sont particulièrement fait remarquer par leur intrépidité et leur  sang-froid dans
les combats qui ont amené la reprise d'Orléans ;

« Décrètent :

« Les régiments de la Garde nationale mobile de la  Dordogne  et
de la Sarthe, sont mis à l'ordre du jour de l'armée.

« Tours, le 7 novembre 1870.

« A. Fourichon, Glais-Bizoin, L. Gambetta, A. Crémieux.

« Par le ministre.

« Le délégué du département de la guerre

« C. DE FREYCINET. »

dans la gare, disposé à se rendre, mais à la troupe régulière, seulement. Ces messieurs avaient cependant accepté de mettre bas les armes lorsque la mobile leur en ferait la sommation. Il était tard, on remit la chose au lendemain. Mais le lendemain, la nuit ayant porté conseil, les soldats de Bismarck avaient réfléchi que, décemment, la ligne seule était digne de les désarmer. La garde nationale était bien là, mais ils la méprisaient. Et maintenant que la mobile allait se présenter, ils parlementaient! Il fallait en finir. Le commandant Marty va à la gare, presque seul, et somme les cuirassiers de se rendre.

Ils refusent.

Le commandant réunit une douzaine de mobiles munis de leurs fusils, et fait une seconde sommation. Pour toute réponse, les cuirassiers grimpent dans les wagons et s'y embusquent.

Troisième sommation! Même refus. Ils ne se rendront qu'à la ligne.

— Je vais vous en f...lanquer, de la ligne, s'écrie le commandant! Et se tournant vers les mobiles :

— Joue!

Devant un geste aussi péremptoire, les cuirassiers ne songèrent plus à prolonger une résistance inutile et dégringolèrent de leurs cachettes. C'est que les fusils de la mobile allaient partir tout aussi bien que ceux de la ligne!

— Quel malheur, disaient les mobiles, qu'ils soient descendus sitôt!

Les Prussiens venaient-ils d'accomplir un acte de courage, de crânerie, ou bien poussaient-ils la forfanterie jusqu'à supposer qu'on n'oserait pas employer la force pour les contraindre à se rendre? Nous avons toujours pensé qu'ils ne croyaient pas à la victoire des Français et qu'ils espéraient, en prolongeant leur plaisanterie, permettre aux leurs de venir les délivrer. Quoi qu'il en soit, ils purent s'apercevoir que les mobiles n'avaient plus, maintenant, les mêmes raisons qui avaient poussé la garde nationale à ne pas agir de force à leur égard, dans la crainte de voir revenir l'armée prussienne. Et, alors, nous assistâmes à ce spectacle bizarre, presque grotesque, de fantassins huchés sur de grands diables de chevaux et conduisant à la prison de ville, de grands diables de cavaliers. Comme ils étaient fiers, ces moblots, et comme ils riaient de bon cœur, en traversant les rues de la ville, parés des armes et des cuirasses de leurs prisonniers !

M. de Cathelineau fit dire une messe solennelle à la cathédrale. Mgr Dupanloup officiait et prononça une patriotique allocution. Il raconta ce qu'avaient souffert les habitants d'Orléans pendant l'occupation et parla de l'énergie qu'il lui avait fallu déployer pour apaiser la colère du vainqueur et résister à

ses monstrueuses exigences. Il était beau, ce vieillard, lorsque, s'adressant aux soldats qui l'écoutaient,
il les félicitait de leur victoire, tout en déplorant
les tristes nécessités de la guerre. A Orléans, sans
distinction de parti et d'opinions, on aimait, on admirait ce prélat qui avait tout fait pour adoucir les
rigueurs de l'occupation. Et, à ceux qui le félicitaient
de sa conduite, il répondait, simplement :

— Je me dois à mes enfants et, bien qu'il m'en
coutât d'aller implorer le vainqueur, je n'ai jamais
hésité à le faire !

Vers onze heures du matin, le 10, les troupes qui
avaient pris part à la bataille de Coulmiers firent
leur entrée à Orléans. C'est un bataillon de la légion
étrangère qui arriva le premier. L'accueil fut enthousiaste. La population avait soif de renseignements, de
détails précis, circonstanciés. Mais ces renseignements, loin d'être précis et circonstanciés, étaient au
contraire diffus et incohérents. Il n'y a pas lieu d'en
être surpris, car un bataillon ne peut avoir vu grand'-
chose sur une ligne de bataille fort étendue. Aussi,
à mesure que les régiments arrivaient, les questions
devenaient plus nombreuses, plus pressantes. Les
soldats, poussés à bout, se contentaient de répondre :

— Ce qu'il y a de certain, c'est que nous les avons
brossés !

Le fait était fort heureusement exact, c'était là

l'essentiel. Quant à la bataille elle-même et à ses conséquences, il était matériellement impossible d'en avoir une idée bien nette. L'armée de la Loire s'était bien battue et avait débuté par un succès. Le moral était revenu et, avec lui, la confiance. On ne demandait qu'à marcher, après cette victoire qui avait fait reculer l'armée prussienne jusqu'à Étampes, et tout le monde pensait qu'il ne fallait pas donner le temps à Frédéric-Charles de faire sa jonction avec von der Thann. C'était aussi l'avis du général en chef d'Aurelle de Paladines — du moins, on l'affirmait — que les Prussiens traitaient de « jeune général ».

— L'armée de la Loire, disaient-ils dans le récit de la bataille de Coulmiers, était commandée par un jeune général qui a su nous opposer le nombre, etc...

Or, le général d'Aurelle de Paladines avait, à ce moment, près de soixante-dix ans !

Voici, au sujet de notre première victoire, une curieuse anecdote que nous avons tout lieu de croire exacte, la tenant d'un homme digne de foi, M. Gaucheron, pharmacien à Orléans, rue Jeanne-d'Arc, n° 24, chez lequel la chose se serait passée.

Dans les premiers jours de novembre 1870, le général von der Thann élabora le plan de la bataille de Coulmiers, et un conseil de guerre fut tenu. Le plan fut adopté et plusieurs officiers en prirent la copie.

Rentré chez lui, le chef d'état-major remit au net

le croquis qu'il avait copié puis, ayant déchiré le modèle, il en jeta les morceaux dans la cheminée, et sortit. Le domestique de la maison ayant aperçu ces morceaux de papier épars, eut la curiosité de savoir quel secret ils pouvaient contenir et, les ayant ramassés, il les porta à son maître.

Dès lors, un travail de patience commença. Les papiers réunis, portaient des noms, des lignes, des traits, des hachures. On les colla soigneusement ; bientôt, le tout présenta un plan qu'il fallait déchiffrer. Ce fut le professeur d'allemand du lycée d'Orléans qu'on chargea de ce soin.

C'était le plan de la bataille de Coulmiers !

Tout y était marqué, prévu. L'emplacement de nos troupes était indiqué avec une étonnante minutie. Une annotation, mise en regard d'un bois, était ainsi conçue : *prendre garde aux hirondelles noires !*

C'est aux francs-tireurs que s'appliquait cette appellation.

Donc, tout devait marcher à souhait, selon les prévisions du général von der Thann qui avait fixé au *douze novembre* son attaque contre la jeune armée de la Loire.

Le plan ainsi reconstitué fut envoyé au général d'Aurelle de Paladines qui en fit son profit et attaqua le premier. C'est ainsi qu'il surprit son adversaire et le battit, le 9 novembre, à Coulmiers.

Pendant la journée du 10, on vit arriver des paysans conduisant des prisonniers en assez grand nombre. L'un de ces braves paysans, surtout, eut un véritable triomphe. Monté sur un immense cheval, la tête couverte d'un casque prussien et portant au côté un sabre énorme, il fit son entrée solennelle, fier d'avoir amené à lui seul presque une compagnie de prisonniers : il y en avait soixante-douze !

Durant notre court séjour à Orléans, nous avions appris à quels abus les Prussiens s'étaient livrés. Il est des choses qu'il faut passer sous silence, mais il en est d'autres qui prouvent combien sont spirituels ces soudards d'Outre-Rhin qui abattaient les bestiaux dans les appartements où ils étaient logés !

Le 11, le commandant de Cathelineau recevait l'ordre suivant :

Ormes, le 11 novembre 1870.

Mon cher commandant,

Je vous prie de vous porter, avec les troupes que vous commandez, dans la forêt d'Orléans, à l'extrémité Nord et à la droite de Chevilly, où est la division des Pallières.

Le gros de l'armée est encore en avant et à gauche d'Ormes ; mais ces emplacements sont loin d'être terminés d'une manière définitive.

Signé : D'AURELLE.

Après un repos de deux jours, nous quittâmes Orlé-
ns pour aller en avant.

Si des corps francs sont restés dans l'inaction, on
peut s'apercevoir que ce ne fut pas le corps de Cathelineau.

# IV



Les services rendus sur la rive gauche de la Loire valurent à M. de Cathelineau le grade de colonel. Certes, cette récompense était due, car il avait, avec moins de deux mille hommes, tenu en échec, pendant près de trois semaines, quinze à vingt mille Prussiens. Mais, à côté de lui, un chef modeste, énergique, ayant des services acquis, méritait semblable distinction, et nous regrettâmes, tous, que le commandant Marty ne fût pas l'objet d'un avancement plus que justifié.

M. de Cathelineau avait, au moment de la guerre, une soixantaine d'années. D'une taille au-dessus de la moyenne, un peu trapu, il portait toute la barbe, une barbe grisonnante qui donnait à sa physionomie l'aspect d'un bon père de famille. Actif, énergique, infatigable, il était toujours au milieu de ses troupes, prêchant d'exemple. Montant bien à cheval, il ne se servait de sa monture que pour aller plus vite, selon les circonstances, ou bien pour reconnaître lui-même le terrain. Mais aussitôt qu'il avait rejoint la colonne, il mettait pied à terre, se mêlant aux soldats et marchant avec eux. Son ordonnance conduisait le cheval. Et, malgré son âge, M. de Cathelineau avait une

COLONEL DE CATHELINEAU

santé de fer et résistait aux fatigues comme un jeune homme. Visible à toute heure du jour et de la nuit, on se demandait à quel moment il prenait du repos.

C'était bien là l'homme qu'il fallait pour commander des éclaireurs, pour harceler l'ennemi, le surprendre quelquefois, souvent, et être presque toujours informé de ses mouvements. Il nous est souvent arrivé de nous demander si, véritablement, notre chef n'avait pas d'accointances avec les Prussiens tant, parfois, notre situation a été critique et tant, souvent, notre attitude le rendait plus que prudent. Mais la seule réponse que nous nous faisions, c'est que M. de Cathelineau connaissait le pays, qu'il surveillait l'ennemi et qu'il se gardait bien.

Là était tout son secret.

Quand on parle du général de Cathelineau — il fut plus tard général — on se figure que c'est un chef comme les autres. Non, il n'est pas comme les autres. *Dieu et le Roy*, telle était sa devise et, pour lui, la vie était bien peu de chose. La mort, qu'il avait vue souvent en face, ne l'effrayait pas, persuadé qu'il était d'être plus heureux dans l'autre monde. Ce mépris de la mort, cette croyance en Dieu, faisaient du Vendéen un chef brave et héroïque, sans témérité. Pour tous ceux qui l'ont connu, Cathelineau est un chef tout à fait spécial : ses habitudes sont légendaires.

Sait-on comment il allait au combat et comment il était, en pays ennemi, au milieu des Allemands ?

Vêtu comme ses francs-tireurs, seules les étoiles qu'il portait sur les manches de sa vareuse pouvaient le faire distinguer.

Des bottes par-dessus son pantalon noir à bandes

bleues, une vareuse noire ; sur cette vareuse, une ceinture de flanelle bleue ; sur le côté gauche, un carré de flanelle blanche avec un Sacré-Cœur brodé en rouge, un chapeau de feutre noir avec une plume, tel était Cathelineau.

Des armes ? Il n'en avait pas. Pas même une épée ! En revanche, ses deux mains étaient toujours fort occupées. A la main gauche, sa tabatière et un immense mouchoir (il prisait beaucoup) ; à la main droite, une canne en bambou avec pomme en plomb, polie par l'usage.

On connaît M. de Cathelineau. Mais ce qu'on ne sait pas, c'est que cet homme qui combattait pour son pays, voulait que chacun, dans son entourage, fît son devoir dans la limite de ses forces et apportât à la France son contingent de dévouement.

La famille de Cathelineau était nombreuse : elle était toute sous les armes, les femmes comme les hommes. Le père commandait, la mère dirigeait l'ambulance, les filles, les brus, les fils et les gendres obéissaient. Bel exemple d'abnégation au moment du danger, et de piété filiale envers la mère patrie !

A quelque parti qu'on appartienne, on ne peut avoir qu'une seule pensée, c'est que tous étaient de bons Français qui servaient bien leur pays !

A côté du colonel, il y avait un commandant, brave,

modeste, esclave du devoir, un vrai commandant qui avait repris du service, abandonnant sa famille, le repos d'une retraite vaillamment gagnée, pour conduire au feu les jeunes mobiles de son département. Intelligent, actif, énergique, dur à la fatigue, le *Père Marly*, ainsi qu'on l'appelait, était l'homme qu'il fallait pour seconder un plan souvent hasardeux, pour exécuter des ordres parfois périlleux, mais toujours ponctuellement observés. La discipline, l'obéissance passive n'avaient pas de plus chauds défenseurs, et ce vieux soldat, ce vieux *dur à cuire*, avait pour ses mobiles des attentions qui le rendaient le véritable père de sa troupe et lui attiraient l'affection de tous.

Nos lecteurs nous pardonneront une digression nécessaire, car il était utile de leur montrer les deux chefs avec lesquels nous avons fait les campagnes de la Loire et du Mans.

Le général d'Aurelle nous envoyait en avant et, le 12 novembre, nous quittâmes Orléans pour occuper, cette fois, la rive droite et éclairer l'armée victorieuse qui allait, disait-on, continuer ses mouvements et profiter de son succès. On avait pleine confiance en l'avenir, puisqu'on ne donnerait pas aux Prussiens le temps de se reformer et à Frédéric-Charles le temps d'amener son armée de Metz. Nos renseignements étaient excellents, car, le soir même de la bataille de Coulmiers, un de nos éclaireurs à pied était à Étampes et nous apprenait, à son retour, que les Allemands n'attendaient que l'apparition d'un pantalon rouge pour se retirer sous Paris. L'artillerie était attelée et prête à partir.

Nous avons parlé d'un éclaireur à pied (1) qui était véritablement extraordinaire. Lecor, — c'était son nom, — avait un admirable talent pour se déguiser. Très dévoué à la personne de Cathelineau, dont il était le domestique, Lecor était tantôt médecin, tantôt propriétaire, tantôt notaire, etc., et passait plus de temps parmi les Prussiens que parmi nous. Doué d'une remarquable intelligence, il savait à peine lire et écrire, mais il savait, tour à tour, paraître un *monsieur*, un *paysan*, un *imbécile* : il savait, aussi, contrefaire les signatures des chefs ennemis, les sceaux de l'administration allemande, etc... Cet homme s'est trouvé dans des situations extraordinaires et s'en est toujours parfaitement tiré. Que d'ordonnances il a données ! Nous n'oserions pas affirmer que les potions guérirent toujours les malades ! Mais, ce qui faillit

(1) « J'avais, parmi mes éclaireurs à pied, un homme extraordinaire qui joignait à la plus grande facilité du déguisement, une rare intelligence pour se procurer, en peu de temps, tous les renseignements possibles. Il revenait d'Orléans... »

Cathelineau : *Le corps Cathelineau pendant la guerre*, page 86.

le perdre, ce fut la confection d'un testament. Il s'est cependant sorti d'affaire.

Lecor a, cent fois, mérité la croix de la Légion d'honneur (1), car il a, souvent, sauvé l'armée, en l'avertissant longtemps à l'avance des mouvements de l'ennemi. Il n'a même pas eu la médaille militaire !

Nous allâmes occuper Neuville-aux-Bois, chef-lieu de canton souvent visité par la cavalerie ennemie et même par de l'infanterie qu'on faisait manœuvrer sur la place.

Neuville est en pleine Beauce, sur la ligne de Toury, Étampes et Arthenay. Sa position était désavantageuse, mais la proximité de la forêt d'Orléans en faisait un point important qu'on devait occuper afin de surveiller plus facilement les Allemands. On ne pouvait que surveiller, car les reconnaissances étaient vues de trop loin. Le clocher servait d'observatoire et, de là, on apercevait distinctement le va-et-vient des éclaireurs dans le lointain. Il fallait donc se tenir sur ses gardes, puisqu'on était aux avant-postes et à découvert. De plus, nous occupions l'extrême droite, et notre ligne s'étendait du côté de la forêt pour donner la main au général Martin des Pallières.

Cette mission était trop importante pour la fai-

(1) Nous avons entendu dire qu'on ne pouvait décorer Lecor parce qu'il faisait un métier d'espion ! Nous citons le propos, sans commentaire.

blesse de notre petit corps auquel on adjoignit un escadron du 10ᵉ chasseurs à cheval ; la légion bretonne (francs-tireurs) devait arriver quelque temps après.

Chaque jour, on voyait l'ennemi, à distance : ces démonstrations étaient toutes platoniques. Cependant, on s'attendait à une grande bataille. Des ordres confidentiels avaient été donnés ; notre place de combat nous avait été assignée. Nous copions quelques lignes dans une lettre écrite à Neuville même, le 14 novembre 1870. C'est un officier qui écrit à sa mère :

Quand tu recevras ma lettre, une grande bataille sera engagée. Selon toutes probabilités, elle aura lieu mercredi ou jeudi, au plus tard. Il y aura des casques et des képis de reste ; espérons que les casques seront en plus grand nombre.

L'armée de la Loire est puissante et opérera de concert avec celle du général Bourbaki, dont plusieurs division sont déjà arrivées. Deux cent cinquante pièces de canons composent notre artillerie : les mitrailleuses ne manquent pas. Ce qui fait généralement compter sur un succès, c'est que l'artillerie est aussi nombreuse, sinon davantage, que celle des Prussiens, et qu'elle est servie, en partie, par des pointeurs marins.

Dans cette bataille qui va se livrer, nous appuyons l'aile droite de la brigade Bertrand, avec l'ordre de ne pas tirer un seul coup de fusil, sans être attaqués. Au premier coup de canon nous occuperons le bois pour couper la retraite à l'ennemi, harceler et tuer les fuyards. Si besoin est, on nous adjoindra quelques canons, une mitrailleuse, de la cavalerie et un bataillon de plus. On compte beaucoup sur l victoire (1).

La bataille annoncée n'eut pas lieu.

Avait-on défait, à Tours, le plan que le général d'Aurelle avait conçu ? Le général avait-il changé ses dispositions ? On ne sait.

Cependant, l'ennemi se montrait, paraissant protéger des mouvements plus considérables derrière lui. Il commençait à occuper certains points, en prévi-

(1) La proclamation suivante, communiquée aux troupes, par la voie du rapport, faisait supposer qu'on allait marcher :

Soldats de l'armée de la Loire,

Votre courage et vos efforts nous ont enfin ramené la victoire, depuis trois mois déshabituée de nos drapeaux. La France en deuil vous doit sa première consolation, son premier rayon d'espérance.

Je suis heureux de vous apporter, avec l'expression de la reconnaissance publique, les éloges et les récompenses que le gouvernement décerne à vos succès.

Sous la main de chefs vigilants, fidèles et dignes de vous, vous avez retrouvé la discipline et la force. Vous nous avez rendu Orléans, enlevé avec l'entrain de vieilles troupes depuis longtemps accoutumées à vaincre.

A la dernière et cruelle injure de la mauvaise fortune, vous avez montré que la France, loin d'être abattue par tant de revers inouïs jusqu'à présent dans l'histoire, entendait répondre par une générale et vigoureuse offensive.

Avant-garde du pays tout entier, vous êtes aujourd'hui sur le chemin de Paris. N'oublions jamais que Paris nous attend et qu'il y va

sion de l'arrivée de l'armée de Metz. Le village de Chilleurs-aux-Bois semblait être son objectif. Ce village, à l'entrée de la forêt d'Orléans, en était la clef, et on y envoya deux compagnies pour la défendre et renforcer les chasseurs à cheval qui s'y tenaient en observation. Les Prussiens l'attaquèrent sans succès. Le lendemain, ils recommencèrent leur attaque, mais ils durent se replier sur Toury et Pithiviers. Leur colonne avait essayé de s'emparer de la route et de la forêt d'Orléans. La position était importante : les intentions de l'ennemi l'avaient suffisamment indiqué. Elle fut, dès lors, fortement occupée.

Les francs-tireurs nous remplacèrent à Neuville.

de votre honneur de l'arracher aux atteintes des barbares qui le menacent du pillage et de l'incendie.

Redoublez donc de constance et d'ardeur. Vous connaissez maintenant vos ennemis. Jusqu'ici leur supériorité n'a tenu qu'au nombre de leurs canons ; comme soldats, ils ne vous égalent ni en courage, ni en dévouement. Retrouvez cet élan, cette furie française qui ont fait notre gloire dans le monde et qui doivent aujourd'hui nous aider à sauver la Patrie.

Avec des soldats tels que vous, la République sortira triomphante des épreuves qu'elle traverse ; car après avoir organisé la Défense, elle est en mesure, à présent, d'assurer la Revanche nationale.

Vive la France !

Vive la République une et indivisible !

Le membre du gouvernement de la Défense Nationale, ministre de l'Intérieur et de la Guerre,

LÉON GAMBETTA.

Dans la nuit du 17 au 18, le commissaire de police de Pithiviers vint à Chilleurs, portant un billet au crayon. Le sous-préfet nous prévenait que le prince Frédéric-Charles était arrivé avec son état-major et un détachement de cavalerie. Le prince venait se mettre à la tête de l'armée, et sa présence faisait prévoir des affaires sérieuses et prochaines.

Le moment était venu, pour nous, de ne songer qu'à la défensive, puisque l'armée de Metz serait bientôt en ligne et qu'on avait laissé passer l'occasion de profiter de l'ardeur de nos soldats pour attaquer les vaincus de Coulmiers. On devait s'apercevoir, maintenant, qu'on avait trop attendu. Peut-être était-il temps encore de se rattraper et de livrer bataille !

Ici se placent deux faits sans grande importance, mais qui prouvent néanmoins qu'avec un peu d'audace, on maintient l'ennemi à distance.

Chilleurs-aux-Bois était barricadé à chaque coin de route et occupé par quatre chasseurs à cheval, sous la conduite d'un élève brigadier qui n'était autre que le petit-fils du maréchal Bugeaud. Une centaine de cavaliers ennemis s'avancent vers le village qu'ils cernent. Le jeune élève-brigadier ne perd pas la tête et, pendant une demi-heure, il va, au galop, avec ses hommes, d'une barricade à l'autre, faisant un petit feu de peloton. Les Prussiens n'osèrent pas tenter de pénétrer dans le village et le jeune Richard Féray Bugeaud d'Isly put regagner Neuville. Il avait gagné, aussi, ses galons de brigadier !

A peu près à la même époque, un chasseur portait une dépêche de Neuville à Chilleurs. De la route étant, il aperçut un uhlan en vedette, dans un chemin, à cinq cents mètres environ.

— Bast! se dit-il, j'ai un bon cheval, ce uhlan est seul, je vais essayer de le démolir !

Et il s'engage dans le chemin.

Aussitôt, cinq ou six cavaliers ennemis sortent de derrière les haies et chargent notre chasseur qui détale à franc étrier. Très probablement, il aurait été atteint et fait prisonnier. Comme il arrivait sur la grande route, un coup de feu retentit : Il se retourne et voit, couché le long d'un talus, un turco qui, à lui seul, voulait détruire les assaillants. Le chasseur se mit de la partie et, tous deux firent si bien, que deux Allemands furent tués et un troisième blessé. Le turco était en tournée de chapardage et se moquait de notre chasseur.

— Si moi pas là, fit-il, toi foutu !

Cet indigène faisait partie d'un bataillon de turcos campé entre Chilleurs et la forêt d'Orléans dans laquelle nous fûmes établir notre camp.

Les turcos faisaient bon ménage avec les mobiles, mais ils détestaient les francs-tireurs. Ce sont de braves soldats qu'il vaut mieux avoir pour amis que pour ennemis. L'un d'eux, à la bataille de Coulmiers, le 9 novembre, avait coupé la tête à un Prussien et, le 20 novembre, il l'avait encore, enfermée dans son mouchoir! Les turcos sont durs à la fatigue, sobres; ils sont parfois aussi taciturnes qu'ils sont bruyants à certains moments. Leurs coutumes sont bizarres, même dans le service.

Un soir, un de nos officiers était allé à Chilleurs-aux-Bois et en revenait, vers dix heures. En passant sur la route, devant le campement des turcos, il entend crier :

— Qui vi ? Qui vi ?

Il regarde partout, ne voit rien, et continue son chemin.

— Qui vi ? Qui vi ? entend-il encore.

Et ce cri est accompagné d'un bruit sec produit par le tonnerre du chassepot.

— Français ! s'écrie-t-il, en s'efforçant toujours de découvrir la sentinelle mystérieuse.

Enfin, entendant les branches d'un arbre s'agiter, il regarde et aperçoit un turco huché sur un poirier et tenant son fusil d'une façon fort menaçante.

— J'ai le mot, dit l'officier.

— Pas bisoin du raliment, répond la sentinelle, pas bisoin, balech !

Notre camarade s'en est allé, ce qui était prudent, avec un gaillard pareil !

A peine deux kilomètres séparaient les deux armées, mais les Prussiens refusaient le combat en dépit de nos tentatives, et nous ne devions pas les attaquer chez eux. Cependant il était facile de prévoir que de grands événements se préparaient, surtout depuis l'arrivée de Frédéric-Charles.

Fallait-il attendre l'attaque ?

Voilà la question que nous nous posions sans pouvoir la résoudre, mais la lettre suivante témoigne de nos préoccupations à ce sujet. Elle porte la date du 23 novembre, forêt d'Orléans :

Notre vie champêtre est recommencée, et ce n'était pas trop tôt. Les petites villes et les bourgs nous ennuient, voire même Orléans. Aujourd'hui que je suis habitué à vivre dans les bois et à coucher sur la dure, je préfère les champs et la tente où l'on dort aussi bien que dans un lit : il est dur, mais on y dort paisiblement, les Prussiens nous inquiétant fort peu.

On aperçoit leurs éclaireurs qui se montrent uniquement pour nous faire sortir du bois et ainsi nous compter et s'assurer de nos positions. Les deux armées s'entendraient pour se reposer, qu'elles ne feraient pas mieux.

*J'ignore ce que médite notre général en chef et à quoi il veut arriver, mais je fais des vœux pour que ce retard et ce silence ne nous coûtent pas cher, car chaque fois que nos armées sont restées si longtemps en présence sans en venir aux mains, le dénouement a été une catastrophe. Il me semble que le passé devrait servir de leçon. Sans doute que d'Aurelle de Paladines sait ce qu'il veut faire, n'ayant pas*

*voulu profiter de sa victoire du 9, ou, du moins, il est per-
mis de le supposer.*

Les Prussiens avaient reculé de quinze ou vingt lieues,
et il pouvait compter sur ses troupes qui, quoique jeunes,
n'en sont pas moins bonnes. Notre régiment s'est montré
digne de la Dordogne et a été mis à l'ordre du jour de l'armée.

*Ici, nous sommes tous persuadés que nos généraux hésitent
à attaquer 14.000 ou 15.000 hommes qui font croire à l'exis-
tence d'une grande armée, leurs cavaliers se montrant sur
tous les points.* Les ennemis font ce que nous avons fait
avant notre entrée à Orléans. Chaque matin nos reconnaissances se composaient de sept à huit cents hommes et faisaient soupçonner la présence d'une véritable armée sur
la rive gauche de la Loire, « lorsque nous étions seuls ».
C'est là notre seul mérite, car nous avons fait peur à l'ennemi sans nous en douter.

On nous annonce que les bombes prussiennes ne peuvent
plus éclater, les terres étant détrempées et ne leur offrant
pas assez de résistance.

Quant à nous, nous avons l'ordre de ne pas nous montrer, de tenir dans la forêt jusqu'à la dernière extrémité,
même contre des forces considérables ; c'est peut-être une
des meilleures mesures prises jusqu'à ce jour, les Allemands,
j'en suis persuadé, simulant une attaque de notre côté
pour faire dégarnir le terrain occupé par nos troupes du
côté de Toury et Étampes.

On annonce la présence des sujets de Bismarck à Pithiviers, présence éphémère. Tous ces mouvements se font
la nuit et, le jour, les troupes vont du côté de Toury. Frédéric-Charles et son armée sont arrivés près de nous : il
veut, dit-il, prendre Cathelineau et ses francs-tireurs. C'est
très joli, mais vouloir et pouvoir, c'est deux. Il ignore ce
que nous sommes.

On voit, par cette lettre, combien la situation était justement appréciée. Les Allemands cachaient leur petit nombre par des mouvements continuels, afin de faire croire à l'arrivée de leur armée de Metz qui était encore à plusieurs journées de marche, même forcée. L'avant-garde n'était pas encore compacte ; quelques troupes, seulement, pouvaient se mettre en ligne. Un combat qui se livra le 24 novembre et qui fit honneur à nos armes, le prouva surabondamment.

Neuville était occupé par le 29e de marche. Pendant la nuit, quatre ou cinq mille fantassins allemands avec de l'artillerie avaient pris position à peu de distance de la ville et s'étaient couchés dans les fossés, pour n'être pas vus. Le matin, ils ont attaqué et lancé des bombes qui ont causé beaucoup de mal aux maisons. Le régiment était peu préparé à cette attaque. Il y avait, au plus, dans Neuville, quatre pièces d'artillerie de montagne : les officiers dormaient et leur sommeil nous a valu ce joli petit succès. Pendant une heure, les Prussiens bombardèrent la ville où ils ne soupçonnaient pas notre artillerie. Aussi y allaient-ils bon train. Et lorsque nos canons ont ouvert le feu, ils tiraient au milieu des colonnes ennemies surprises, y semant le trouble et la mort.

Chaque rue de Neuville était fermée par des barricades qui abritaient nos soldats, lesquels tiraient à coup sûr. Enfin, après un combat de trois heures, les

Prussiens se retiraient laissant sur le terrain quatre ou cinq cents morts et quelques blessés (ils avaient emporté les autres). Ils avaient eu hors de combat environ sept cents hommes : il y eut cinquante prisonniers dont deux officiers. De notre côté, il y avait quatre tués et dix blessés.

Campés à quelques kilomètres, nous ne pouvions qu'écouter le canon et la fusillade. L'ordre de ne pas nous montrer était formel. Quant au bataillon de turcos, son commandant eut toutes les peines du monde à l'empêcher de marcher à l'ennemi. De guerre lasse, on forma une compagnie destinée à aller du côté de Neuville, mais le combat était terminé.

Un sergent de turcos accomplit un brillant fait d'armes. Il sortait de Neuville lorsque l'attaque commença. Une batterie ennemie, venant de Montigny, se mit en position au détour d'un chemin et envoya des obus dans la ville pour favoriser les projets des assaillants. Le sous-officier indigène se porta à quelques centaines de mètres de la batterie et commença, lui aussi, son feu. C'était un tireur émérite. Les servants étaient tués dès qu'ils s'approchaient de leurs pièces. Ce brave moricaud réduisit au silence la batterie ennemie. Dix-sept Allemands étaient tombés sous ses coups !

Ce fait avait eu des témoins, car ceux qui ne se battaient pas s'étaient rapprochés du terrain du combat. Lorsque le sergent rentra à Chilleurs, son commandant l'embrassa et lui attacha sa croix sur la poitrine — croix que le gouvernement de la Défense Nationale lui accorda régulièrement, par la suite.

L'attaque de Neuville-aux-Bois était le résultat d'un plan arrêté et coïncidait avec l'entrée en ligne de l'avant-garde du prince Frédéric-Charles qui avait divisé ses forces en trois et essayait de nous tourner, sur notre droite, et de pénétrer dans la forêt d'Orléans. Mais il échoua à Bellegarde, de même qu'il avait échoué sur notre gauche, à Neuville.

On entrait, maintenant, dans la période d'exécution et il était fâcheux que nous n'eussions pas pris l'offensive qui eût mieux convenu à nos troupes.

Le général d'Aurelle n'avait-il pas été maître de ses mouvements et avait-il dû exécuter un plan et des ordres venus de Tours et élaborés dans le silence du cabinet, loin du champ de bataille? C'est ce qu'on disait et comme nous avons pris comme règle de conduite de ne rapporter que les faits dont nous fûmes témoin, que les impressions et les racontars du moment, nous avons posé le point d'interrogation sans avoir la prétention de trancher la question. Mais, depuis, des renseignements précis nous ont été fournis qui prouvent que le général d'Aurelle avait eu les coudées franches et toute liberté d'agir. Cela est si vrai, que deux entrevues avaient eu lieu, après Coulmiers, l'une à Tours, présidée par M. de Freycinet, à laquelle assistaient les généraux d'Aurelle, Borel, etc., la seconde à Orléans, présidée par Gambetta, à laquelle assistaient les généraux d'Aurelle, Borel, Chanzy, Martin des Pallières..., entrevues au cours desquelles la situation avait été envisagée sous toutes ses faces et où toute latitude avait été laissée aux généraux.

Pourquoi, alors, a-t-on tant attendu ?

C'est à l'histoire qu'il appartiendra de fixer l'opinion.

Le retard apporté à notre marche en avant, après Coulmiers, pouvait, peut-être, nous être moins fatal après les affaires de Neuville et de Bellegarde, si l'on eût repris tout de suite une vigoureuse offensive. Cette opinion n'est pas venue après coup, après les événements ; nous la trouvons consignée dans une lettre écrite sur place, le 27 novembre :

Le prince Frédéric-Charles avait, selon son habitude, divisé son armée en trois corps. Le premier était à Toury et envoyait attaquer Neuville ; le second restait en arrière de la ligne d'attaque, en face de nous ; le troisième essayait de contourner la forêt. Ce plan était habile, mais il n'a pas réussi, et si ce n'est pas un piège tendu à nos troupes, Frédéric-Charles a commis une faute dont il doit, à l'heure actuelle, comprendre l'importance, ses troupes pouvant être coupées !

Ainsi, celles qui occupent Toury, gardent la route

d'Étampes et sont maintenues par les nôtres, campées à
Saint-Peravy ; celles qui sont à Pithiviers ont affaire au
général Bertrand qui se trouve entre Toury et Pithiviers
et, enfin, notre 3e corps d'armée est établi en avant de
Bellegarde, entre Pithiviers et Beaune-la-Rolande et s'al-
longe jusqu'à Montargis. Quant à nous, en attendant
l'action générale, nous occupons la lisière de la forêt pour
couper la retraite à l'ennemi et barrer la route de Pithiviers.

Le 25, une brigade d'infanterie, sous les ordres
du colonel Chopin, vint nous remplacer dans la position que nous occupions à l'entrée de la forêt d'Orléans. Cette position, nous l'avions gardée pendant
huit jours, sans que l'ennemi vînt à nous et, chose
bizarre, à peine avions-nous levé nos tentes, que la
brigade fut attaquée.

Au milieu de toutes nos préoccupations, la gaieté
n'avait pas perdu ses droits. La pluie avait détrempé
le sol ; les piquets de tentes ne tenaient pas dans
le sable et il arriva, plusieurs fois, qu'un coup de
vent mît tout le monde hors de son lit, si l'on peut
appeler ainsi un assemblage de menues branches de
bouleau sur lesquelles, cependant, on dormait très
bien. Ces incidents nous faisaient rire et on se re-
mettait, sans mauvaise humeur, à relever sa demeure
de toile. Une fois, il y eut une alerte au camp, alerte
trop grotesque pour que nous la passions sous silence.

Un capitaine qu'une infirmité rendait impropre à

la marche, avait acheté une bourrique, de façon à avoir toujours à sa portée ses bagages et, aussi, une monture qui pût remplacer ses jambes paresseuses. La bourrique suivait le corps Cathelineau, et comme elle n'était pas officiellement inscrite sur les registres de l'armée, elle n'avait droit à aucune ration. La pauvre bête n'engraissait pas. Elle vivait comme elle pouvait, c'est-à-dire fort mal, mangeant les feuilles des arbres épargnés par la gelée, les brindilles d'herbe, lorsque la neige ne recouvrait pas la terre; aussi aimait-elle à partager avec les autres animaux plus heureux qu'elle, la nourriture qu'on leur donnait chaque jour.

Mais les animaux n'y trouvaient pas leur compte et leurs propriétaires trouvaient, à leur tour, que l'ânesse prenait des libertés trop grandes, d'où une série de coups pour la bourrique qui faisait retentir les échos d'alentour de ses braiments plaintifs, surtout la nuit. Cette musique, peu agréable, avait fait bannir de l'intérieur du camp le trop bruyant oiseau à longues oreilles, lequel, aimant la société, cherchait toujours à se rapprocher, lorsqu'il pouvait rompre ses liens.

Un soir, on entendit du bruit dans le camp. La sentinelle crie :

— Qui vive !

Pas de réponse. Un coup de feu retentit. Le bruit continue, les tentes sont enlevées par un animal qui se livre à une course folle. On se lève, on court aux armes. Pas le moindre ennemi. Quelques instants après, on s'aperçoit que c'est la bourrique qui a envahi le camp et enlevé des tentes en accrochant les cordes, qui cèdent facilement, fixées qu'elles sont dans un terrain sablonneux. La pauvre bourrique fut ramenée en dehors du camp avec tous les honneurs dus au courage malheureux, et après avoir essuyé un coup de feu et reçu plusieurs coups de baïonnettes dans sa peau qui ne pouvait plus servir pour les tambours.

L'ânesse ne mourut pas de ses blessures, mais on la laissa se perdre pendant la retraite d'Orléans. Depuis, elle a une légende. Le lendemain de cette alerte, on composa, en l'honneur de cette mémorable aventure, une chanson pour en perpétuer le souvenir.

Voici un échantillon de la poésie des moblots qui confondirent, dans le même lyrisme, le capitaine et sa bourrique.

La bourrique du capitaine
Dans le camp,
Allait, courant la prétentaine
Tout le temps ;
Cinquante coups de baïonnette
Dans le flanc,
Entrelardaient la pauvre bête,
La trouant.
Elle a péri, dit l'capitaine
Sûrement.

C'est payer cher une fredaine
D'un moment.
Un certain soir, on prit les armes
Prestement.
L'ânesse répandit des larmes
Tristement.
Notre bourrique inconsolable
S'en alla ;
Son histoire est bien lamentable,
La voilà !

Le colonel Chopin nous ayant remplacés, nous allions,comme la bourrique du pauv'capitaine, recommencer notre vie errante et courir la prétentaine. En passant à Chilleurs, nous dûmes y faire une petite halte pour savoir si notre concours ne serait pas nécessaire, car l'ennemi paraissait vouloir faire une sérieuse démonstration de ce côté. Les obus pleuvaient sur le village et la maison sur laquelle flottait le drapeau de l'ambulance semblait être l'objectif des Prussiens.

L'ennemi ne poussa pas plus avant et nous continuâmes notre route vers Nibelle, village bâti dans un pli de terrain, au bord d'un ruisseau et, par suite, fort difficile à défendre, dominé qu'il est, de tous côtés, par des coteaux. On y resta peu de temps. On en repartit le lendemain, 26, pour aller s'installer à Chambon qu'il était plus facile de défendre, surtout plus important de conserver à cause de sa situation qui le rendait tête de ligne.

Deux jours se passèrent sans que l'ennemi songeât à nous inquiéter. Quelques cavaliers arrivaient jusqu'à nous et se retiraient aussitôt. Du reste, comme on était bien gardés, on ne redoutait pas les surprises.

Le 28, au matin, tout le monde fut mis sur pied, à part les postes qui, sous les ordres d'un capitaine, demeurèrent à Chambon.

Que signifiait ce départ ?

Nous pensâmes qu'il s'agissait d'une forte reconnaissance et que nous serions rentrés vers sept ou huit heures. C'était là, du reste, l'opinion générale, aucun ordre spécial ne pouvant faire supposer le contraire. Aussi les hommes partirent-ils comme pour une reconnaissance, c'est-à-dire sans sac et avec deux ou trois paquets de cartouches dans leur musette et sans même penser à emporter un morceau de pain.

On se mit en route, se dirigeant vers Nancray.

Des cavaliers prussiens avaient été vus, au petit jour, et on leur avait donné la chasse, poussant jusqu'aux hauteurs qui s'étendent entre Courcelles et Batilly. A ce moment, Cathelineau nous rejoignit. Le général de Polignac lui avait demandé son concours pour appuyer sa gauche et l'empêcher d'être tourné. Le colonel vendéen n'hésita pas un instant et accéda à la demande du général, bien que ses troupes fussent peu préparées à une bataille rangée, n'écoutant que son patriotisme et son devoir de Français. Il aurait pu refuser son concours, puisqu'il ne dépendait que de lui-même et n'avait d'ordres de personne, mais il ne songea qu'à son pays, mettant tout amour-propre de côté, donnant ainsi un salutaire exemple d'abnégation. Exemple trop rarement suivi !

Déjà on entendait, sur la droite, une fusillade assez nourrie, le crépitement de la mitrailleuse, du *moulin à café,* selon l'expression des moblots : on distinguait des feux de peloton, régulièrement faits.

La bataille de Beaune-la-Rolande s'engageait.

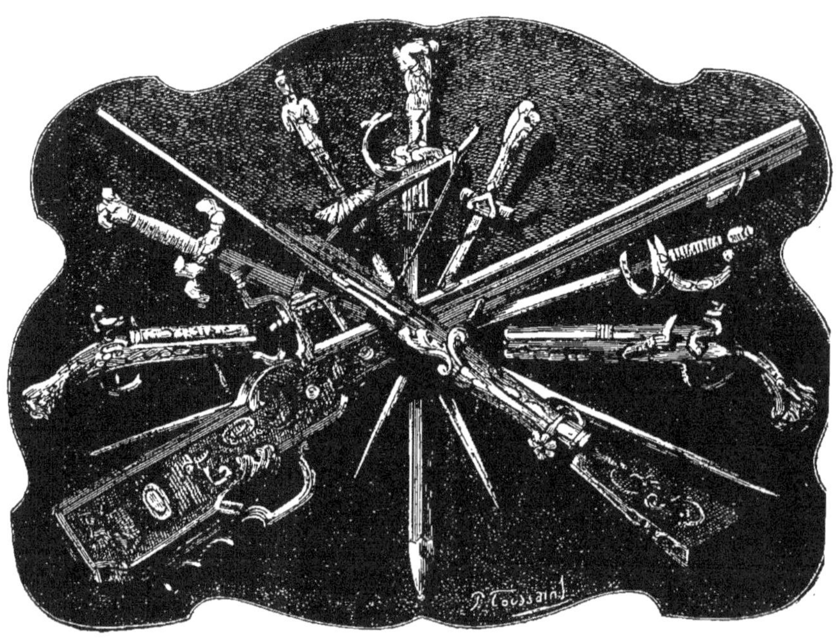

BATAILLE DE BEAUNE-LA-ROLANDE. — LES UHLANS. — TERRES DÉTREMPÉES. — LE SUCCÈS SE DESSINE POUR NOS ARMES. — EST-CE GROUCHY ? EST-CE BLUCHER ? — LES MOBILES DE LA DORDOGNE DÉSIGNÉS POUR COUVRIR L'AILE GAUCHE DE L'ARMÉE. — FÉLICITATIONS DU GÉNÉRAL DE POLIGNAC.

Nous étions heureux et fiers de marcher à l'ennemi. Heureux, car depuis longtemps déjà, il n'avait pas été possible de l'aborder ; fiers, puisque le général de Polignac comptait sur nous pour n'être pas tourné. C'était là une mission de confiance à laquelle une poignée d'hommes ne faillirait pas. La joie était d'autant plus grande, qu'on avait les meilleurs renseignements sur l'esprit et la discipline des troupes aux prises avec les Allemands, et qu'on verrait une véritable bataille rangée dont le plan paraissait parfaitement combiné. Le général Martin des Pallières commandait le 15e corps et, campé à l'entrée de la forêt d'Orléans, devait se porter sur Pithiviers où était Frédéric-Charles qui, ainsi attaqué, ne pourrait prêter secours aux troupes destinées à combattre à Beaune-la-Rolande.

Plein d'espoir dans l'issue de la lutte engagée, le corps Cathelineau se déploya en tirailleurs pour aller occuper sa place de bataille dans une vaste plaine qui offrait un spectacle aussi nouveau qu'inattendu. On marchait péniblement dans les champs de safran détrempés par les pluies, et s'il vint à l'esprit de quelques-uns de maugréer contre l'état par trop humide des terres, le reste de la journée dut les remettre en belle humeur, car si la terre eût été gelée, la moitié du bataillon, peut-être même un peu plus, serait restée sur le champ de bataille.

On avançait péniblement, chassant devant soi des nuées de uhlans.

Ce fut vraiment curieux, de voir, sur les points les plus remarquables du terrain, ces sombres cavaliers correspondre entre eux et regagner leurs lignes à notre approche. Et pour qui voulait étudier l'organisation de ces éclaireurs, la chose était facile. Les uhlans restaient rarement à portée de nos armes, mais se repliaient lentement. Cette manœuvre leur est habituelle. Ce jour-là, leur mission était plus importante ; ils payaient d'audace. Il fallut envoyer, vers chaque groupe, quelques éclaireurs à cheval pour les contraindre à la retraite et les empêcher de se rendre compte de notre position, ces uhlans qui, enveloppés dans leurs grands manteaux noirs, nous indiquaient les principaux points d'observation.

La bataille était engagée sur une longue ligne lorsque nous arrivâmes en face de Batilly que les Prussiens avaient évacué la veille. Il était dix heures. Nous reformâmes notre colonne par divisions, en attendant de nouveaux ordres et de nouveaux renseignements. Jusqu'à midi, nous restâmes en vue de l'ennemi qui couronnait les hauteurs, profitant de cette halte de deux heures pour nous procurer quelque nourriture. La chose était difficile, car les Allemands avaient emporté ce qu'ils n'avaient pu consommer, ne laissant aux habitants du pays que pour une journée de vivres, de façon à les empêcher de ravitailler les Français.

Mais, s'il nous était arrivé de rencontrer des gens plus soucieux de satisfaire les exigences de l'ennemi que les besoins de leurs compatriotes, là, du moins, nous pûmes apprécier le patriotisme de ces populations. Chacun apportait à l'envi les faibles ressources qui lui étaient cependant bien nécessaires pour nourrir sa famille, s'excusant de ne pouvoir donner davantage. Et il fallut surveiller les distributions, afin que chaque soldat eût une portion, quelque minime qu'elle fût. Ce système était certainement le meilleur. Du reste, un officier qui a souci du bien-être de ses hommes, doit veiller sur eux et prendre toutes mesures nécessaires pour l'assurer ou le leur procurer. Le soldat aime ses chefs, quand ses chefs ne l'abandonnent pas, partagent ses fatigues et s'occupent de lui.

Un fait, entre mille, prouvera combien nous avons raison.

Les moblots avaient marché toute la matinée ; ils n'avaient rien mangé depuis la veille : il était plus de midi. Les paysans apportaient du pain, mais c'était à qui le leur arracherait des mains. De plus, en face de l'ennemi, quelques hommes seulement pouvaient, devaient quitter les rangs pour aller aux provisions. Les uns étaient bien partagés et pouvaient manger beaucoup ; les autres avaient fort peu de chose, et même rien du tout. C'était là un procédé défectueux, qui mécontentait, faisait des jaloux et engendrait des disputes. Alors, nous fîmes placer au centre de la compagnie le pain apporté par les gens du pays et par nos hommes envoyés en chasse, attendant qu'il y eût assez de vivres pour tous, avant de procéder à toute distribution.

Il serait exagéré d'affirmer que ce système satisfaisait tout le monde. On n'osait pas récriminer hautement, ouvertement, mais la mauvaise humeur était à peu près unanime. Quoi ! On mourait de faim à la 4ᵉ compagnie, dans les autres on mangeait et, dans la nôtre, c'était le supplice de Tantale ! Il était certainement pénible d'être obligé d'opérer de la sorte, mais cela était indispensable, en dépit des ventres affamés qui n'avaient pas d'oreille pour entendre le raisonnement de la sagesse et de l'égalité.

Enfin, lorsqu'il y eut assez de pain pour permettre une distribution générale où chacun trouverait son compte, le sergent-major fut chargé de faire les parts. Chaque homme eut la sienne. On comprit alors combien notre système était préférable à celui des autres compagnies où chacun ne pensait qu'à soi. La distribution achevée, il ne restait plus une miette de pain. Nous avions été mauvais fourrier ou, plutôt, nous avions songé aux autres et pas à nous. Mais le soldat est bon pour l'officier qui pense à lui.

— Le lieutenant ne mange pas ! s'écria un moblot.

Aussitôt il y eut à notre disposition assez de pain pour quinze jours !

Et ces hommes qui, un instant auparavant, maugréaient contre le chef qui prolongeait les souffrances de la faim et les empêchait de manger, ces mêmes hommes, dans un bel élan d'affection et de reconnaissance, se privaient pour lui, maintenant, en prélevant une large part sur leur maigre ration !

Eh bien ! nous l'avouerons sincèrement : cette attention de nos moblots nous causa plus d'émotion que la vue de toutes les colonnes ennemies en marche, qu'on apercevait au loin. Mais c'était une émotion bien douce, émotion de gratitude, de joie, de satisfaction ! Les hommes ne récriminaient plus et se privaient

pour leur chef ! Voilà de ces faits qui unissent le soldat à l'officier et qui cimentent la confiance entre eux !

Ce souvenir est l'un des meilleurs de la campagne !

Cet incident, bien simple, fut grossi, cité et fit son
chemin, très vite, ainsi que toutes les exagérations,
alors, cependant, que nous n'avions fait que bien
comprendre notre devoir !

La bataille continuait de plus en plus violente,
avec des alternatives de succès, se rapprochant et
s'éloignant, tour à tour. Vers une heure, elle sembla
se dessiner. Nous avancions, et on pouvait compter
sur la victoire. Le prince de Polignac était venu
occuper Batilly, avec son aile gauche, tandis que
son aile droite attaquait Beaune où l'ennemi se
défendait avec acharnement. Pour protéger son aile
gauche, nous nous mîmes en bataille dans la plaine,
à découvert, pour en imposer à l'ennemi et lui faire
croire à des forces considérables. La colonne déployée,
on se porta en avant pour garder la route de Batilly
à Pithiviers.

Ici se place une aventure assez extraordinaire
pour être contée.

En face de nous, à quinze cents mètres environ, au
détour d'un chemin aboutissant à la route, trois
uhlans, drapés dans leurs manteaux, se tenaient immobiles pour étudier notre position et se renseigner
sur notre nombre. Ils ne devaient, sans aucun doute,

se retirer que contraints et forcés. Leur témérité fut punie, mais elle dénote chez nos ennemis de la crânerie et de la ténacité dans l'exécution des ordres reçus. C'était, aussi, narguer mille ou douze cents hommes, que de rester postés près d'eux !

Enfin, un dragon français s'avance sur la route, à sept ou huit cents mètres, vise et fait feu. Un uhlan culbute : les deux autres restent en place. Notre dragon, fier de son adresse, s'avance encore, met pied à terre, vise une seconde fois, tire : un second uhlan culbute. Le troisième jugea à propos de déguerpir, emmenant avec lui les deux chevaux qui ne portaient plus que deux cadavres ! (on sait que les cavaliers prussiens sont attachés). Le dragon rejoignit son escadron, tout heureux d'avoir, en présence de beaucoup de monde, délivré sa patrie de deux ennemis. Comme bien on pense, les félicitations ne lui firent pas défaut.

On se battait à un kilomètre sur notre droite, et jusqu'à trois heures du soir, il y eut, de part et d'autre, un feu très vif. Cependant nous avions un avantage marqué puisque les Prussiens avaient reculé de près de six kilomètres ! Mais comme pendant toute cette funeste guerre, le succès était limité et nos troupes avaient épuisé la majeure partie de leurs munitions. On attendait Martin des Pallières, le Grouchy de la journée sur lequel on comptait pour décider de la victoire. Sur notre gauche, dans une plaine non moins vaste que celle que nous occupions, on apercevait de fortes colonnes et on se demandait avec une inquiétude où perçaient la joie et l'espérance : sont-ce les nôtres ?

Hélas on attendait Martin des Pallières, ce fut le prince Frédéric-Charles, le Blücher de Beaune-la-Rolande, qui arriva au secours des siens en se faisant précéder de son artillerie qui commença à battre nos lignes et le village de Batilly. Fort heureusement, les obus s'enfonçaient sans éclater et, lorsqu'ils éclataient, ils nous couvraient de boue. On ne pourrait mieux comparer ces obus qu'à des pierres énormes qu'on laisserait tomber de haut dans une rivière et qui produisent autour d'elles une vaste gerbe de liquide.

Le général de Polignac envoya deux pièces pour riposter. Ces deux pièces furent placées sur une élévation, à côté d'un moulin à vent, et commandées par un colonel d'artillerie. La position était importante, car si l'ennemi s'emparait de la route de Pithiviers à Beaune, l'armée française était tournée. Deux de nos compagnies furent chargées de garder cette artillerie qui faisait beaucoup de mal aux Allemands qui essayaient de forcer un passage, à environ quinze cents mètres de nous. On voyait, distinctement, les Prussiens traverser la route au pas de course et sauter en l'air lorsque les obus tombaient au milieu d'eux. Un seul obus en mit dix-sept hors de combat ! Mais, de son côté, l'artillerie prussienne augmentait et précisait son tir que la terre détrempée annihilait presque complètement.

Le canon produit un effet moral incontestable, mais il est moins meurtrier que le fusil. Ce jour-là, nos hommes s'habituèrent à ce terrible engin de guerre, et on en profita pour prouver qu'il faisait beaucoup de bruit pour rien. Il n'en est malheureusement pas toujours ainsi, mais l'expérience aguerrit, et nos moblots eurent un certain mépris pour le canon prussien.

Le commandant Marty, monté sur son *Robinson*, passait devant les rangs, donnant des conseils, prêchant le calme. Il recommandait de ne pas faire attention aux obus qui tombaient comme grêle, *faisant plus de bruit que de mal*. Au même instant, *Robinson* est éclaboussé: un obus est tombé sous lui. Le commandant reste impassible. L'obus s'était enfoncé sans éclater.

— Vous voyez bien, reprit le commandant Marty, que j'avais raison : ça fait du bruit et pas de mal !

Ce sang-froid et cet à-propos persuadèrent aux soldats qu'ils couraient peu de danger. Il y avait eu, cependant, un moment d'angoissante émotion.

Un jeune sous-lieutenant faisant partie de l'une des compagnies préposées à la garde des pièces de canon, eut *peur d'avoir peur*, et demanda à son capitaine l'autorisation d'aller se mettre au pied du moulin, bien en vue.

— Pourquoi, lui dit le capitaine, s'exposer aussi inutilement ?

— Parce que, répondit-il, si je reste dans les rangs, j'aurai peur et je me sauverai... tandis que, bien en vue, en danger, je ne pourrai pas, je n'oserai pas fuir !

La faveur qu'il sollicitait lui fut accordée et il ne fut pas atteint par les projectiles qui, cependant, démontèrent la batterie et démolirent le moulin.

La bataille devenait de plus en plus acharnée, du côté de Beaune. Les Allemands voulaient enfoncer notre droite, pendant que notre gauche était attaquée par Frédéric-Charles. Un instant, même, on craignit que la gauche ne fût débordée. Il était quatre heures du soir. La nuit commençait à couvrir le champ de bataille de son ombre. Le succès nous appartenait encore, mais il fallait un dernier effort.

Le général de Polignac demanda les mobiles de la Dordogne pour charger à la baïonnette et repousser définitivement les Prussiens qui menaçaient trop l'aile gauche. Nous nous formâmes en colonnes d'attaque, sous le feu de l'ennemi, et nous dirigeâmes vers Batilly. Mais les Allemands avaient été si pressants qu'il avait fallu leur opposer, tout de suite, un régiment de ligne déjà fortement éprouvé. Notre charge à la baïonnette n'eut pas lieu, le 85ᵉ de ligne la fit à

CHARGE DU 85ᵉ DE LIGNE

notre place, avec le plus grand succès, laissant sur le terrain la majeure partie de l'effectif qui lui restait.

Le 3ᵉ bataillon des mobiles de la Dordogne eut l'honneur, en revanche, d'être chargé de soutenir la retraite de nos armées victorieuses mais harassées, éreintées et hors d'état de tenir tête à un retour offensif. Quand le 85ᵉ passa devant nous, notre commandant qui avait fait partie de ce régiment, ancien 10ᵉ léger, avisa un vieux de la vieille pour causer du passé et savoir si, parmi ces débris de compagnies, il restait encore quelques camarades, quelques connaissances. Beaucoup avaient disparu, d'autres étaient tombés au champ d'honneur.

— Mais, mon commandant, dit le grognard, vous avez dû connaître le tambour Chaly ?

— Comment ! ce brave Chaly est encore au régiment ? Va-t-il bien ?

— Très bien, commandant !

— Où est-il ? je voudrais le voir.

— Il a été tué aujourd'hui !

Voilà comment, un jour de bataille, parlait un grognard de ses amis « absents », — et il continua sa route.

La nuit était complète, nuit bien noire, nuit de deuil.

Au bruit de la bataille avait succédé un calme, un

silence de mort. Les sonneries, les commandements de l'ennemi arrivaient jusqu'à nous; quelques rares coups de fusil se faisaient entendre. C'était bien une nuit lugubrement sombre, éclairée seulement par les incendies allumés par les Prussiens. C'était, aussi, le moment des vibrantes émotions. En effet, pendant l'action, on ne pense pas à soi, on ne pense même pas aux siens, on ne pense qu'à combattre l'ennemi. Mais lorsque le calme a succédé au branle-bas de combat, lorsque la bataille est terminée et que l'on compte les absents, alors on comprend ce que la guerre a d'horrible. Cela ne dure pas, mais l'émotion n'en est pas moins poignante, cruelle, triste. De toutes parts, au milieu du silence de la nuit, on entend les cris des blessés et des mourants appelant à leur secours, et ces cris impressionnent plus qu'on ne saurait le dire, car on est de sang-froid et impuissant à soulager tant de misères. Seul, le devoir vous retient dans les rangs! Et puis, le doute qui plane encore sur l'issue de la bataille, augmente vos angoisses. Belle et triste chose, que la guerre !

La bataille de Beaune-la-Rolande était finie. Quelle était donc la situation des deux armées ?

Nous étions sur les positions enlevées aux Prussiens, mais on craignait un retour offensif, nos troupes étaient fatiguées, leurs munitions presque épuisées et on ne pouvait compter sur du renfort.

Allemands et Français étaient pêle-mêle !

Le général Torthon rentrait dans un château qu'il avait abandonné quelques heures auparavant. Il franchit la porte, pénètre dans la cour et est arrêté par une sentinelle allemande qui lui crie :

— Wer da ! (Qui vive ?)

Le général répond en allemand :

— Blessés ! pique des deux et détale, suivi de son état-major.

Cependant, d'après nos renseignements, les Prussiens se retiraient. Dans quelle direction ? L'obscurité n'avait pas permis de s'en assurer. Quant à nous, nous étions restés couchés dans les fossés depuis cinq heures jusqu'à dix heures, attendant l'ennemi et prêts à soutenir la retraite de l'armée. L'ennemi ne vint pas. On avait la joie au cœur, on espérait aller en avant, marcher sur Paris et inaugurer une ère de succès. La journée n'était peut-être pas très décisive, mais nos troupes couchaient sur le champ de bataille, après s'être courageusement battues. C'était plus qu'il n'en fallait pour augmenter notre ardeur.

Le général de Polignac était venu au milieu de notre bataillon pour nous remercier du concours que nous lui avions prêté. Il serra avec effusion la main de chaque officier et, se tournant du côté des hommes, il leur dit :

— Vous avez bien mérité de la patrie, mes amis,


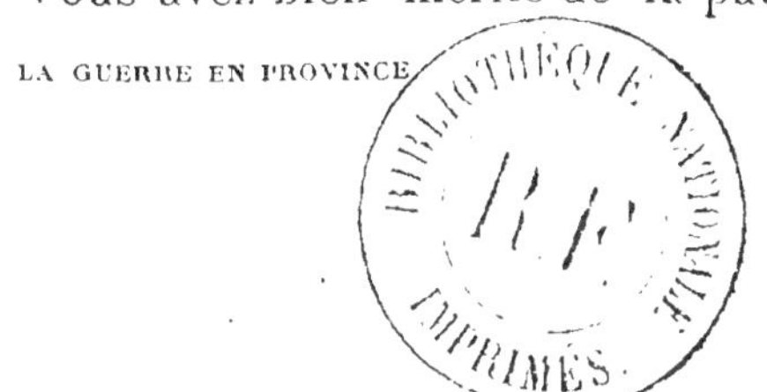

vous avez sauvé mon armée ! Sans vous, j'étais perdu !

Chacun avait fait son devoir, mais personne n'aurait eu l'outrecuidance de supposer qu'il avait contribué à sauver l'armée. Cependant, cela était vrai : le résultat le prouvait. Nous n'avions échangé que quelques coups de fusil avec les Allemands ; trois de nos hommes, seulement, avaient été atteints par les obus, et très légèrement. Mais, ainsi que cela arrive souvent, sans nous en douter, nous avions montré la solidité et le sang-froid de vieilles troupes, en demeurant toute la journée à découvert, l'arme au pied, sous le feu de l'ennemi qui avait cru que nous cachions toute une armée.

On sait que, le matin, nous étions partis comme pour une reconnaissance, sans sacs, sans munitions d'aucune sorte. Il fallut donc regagner nos campements pour reprendre nos bagages, puisque nous allions nous *diriger vers Fontainebleau* pour occuper la forêt. Il était minuit quand nous arrivâmes à Chambon.

Les éclaireurs à cheval, du corps Cathelineau, nous avaient déjà rendu de grands services ; ce jour-là, ils se prodiguèrent, et le moment est venu de donner quelques détails sur leur organisation et leur recrutement.

Tout d'abord, au début de la campagne, ils furent peu nombreux. Admirablement montés, équipés à leurs frais, connaissant, pour la plupart, le pays dans lequel ils opéraient, pour l'avoir parcouru en chasseurs : leur concours était inappréciable. Ils fournissaient de véritables « raids », pénétraient dans les lignes ennemies avec une audace que justifiait leur confiance en leurs chevaux souvent soumis à de bien rudes épreuves. Ils étaient indépendants des francs-tireurs à pied. C'étaient, pour la plupart, des fils de famille, riches, pleins d'entrain, et qui faisaient gaillardement leur devoir.

Peu à peu, leur nombre augmentait.

Parmi eux, il y avait de véritables types.

L'un, vrai cadet de Gascogne — il était du Gers — avait eu, tout de suite, le surnom de Dufour l'Abyssin. Pourquoi ? Parce qu'il était allé en Abyssinie chasser le lion ! Maintenant, il chassait le Prussien, en reconnaissance officielle ou pour son compte personnel, selon les circonstances et les ordres reçus. Et chaque jour il courait les routes, sur sa jument demi-sang, houspillant les sentinelles prussiennes, les chargeant, tirant dessus quand il ne pouvait les aborder, n'ayant pour toute arme qu'une carabine à six coups. car, le plus souvent, il ne prenait pas son sabre. Tous les mobiles connaissaient Dufour, causaient volontiers avec lui, lui demandant des renseignements aussi bien sur ses chasses d'Abyssinie que sur ses incursions dans le camp ennemi.

L'autre venait d'arriver au corps. Grand, mince, imberbe, il avait à peine dix-sept ans. Ses débuts furent un coup de maître. Dans le désarroi qui régnait à Tours dont on craignait l'envahissement, il avait fallu faire évacuer les fusils, les munitions, et la corvée en avait été confiée au commandant Duchateau qui trouva dans le jeune éclaireur, Gaston Mestayer, véritable gamin de Paris, un concours endiablé : il réquisitionnait les voitures, les chariots avec l'aplomb d'un âge qui ne doute de rien, aplomb qui triompha des formalités et du mauvais vouloir trop souvent rencontrés. Ce gamin imberbe, fils unique, avait voulu partir. M<sup>me</sup> Mestayer appartenait à une vieille famille bourgeoise qui était très religieuse.

— Eh ! bien, pars, dit-elle à ce fils qu'elle ne reverrait peut-être plus, pars ! Un chrétien doit défendre son pays !

Et l'enfant était parti, emmenant son magnifique pur sang qui avait coûté quelques billets de mille francs et qui devait lui rendre tant de services. Il prit tout de suite sa place parmi les autres éclaireurs surpris, émerveillés de son audace, de son insouciance, de cette jeunesse toujours prête au sacrifice. Ces éclaireurs, au début de la campagne, n'avaient pas la situation qu'ils eurent plus tard ; ils étaient peu ou point gradés : par la suite, ils eurent le rang de sous-lieutenants. Récompense légitime, s'il en fut jamais, et ils composèrent le groupe des éclaireurs à cheval.

Le plan de la bataille de Beaune-la-Rolande n'avait été exécuté qu'en partie, puisque le général Martin de Pallières n'avait pas attaqué Pithiviers et, ainsi, empêché le prince Frédéric-Charles d'arriver jusqu'à nous. Nos généraux se prononçaient énergiquement sur cette conduite et la jugeaient sévèrement. Après la guerre, il y a eu, à ce sujet, une polémique très vive entre le général Martin des Pallières et le capitaine de vaisseau Aube, qui commandait une division le 28 novembre, et devint, plus tard, ministre de la marine.

Cette polémique, parue dans la *Revue des Deux Mondes*, roulait sur cette question trop délicate pour que nous risquions soit de la trancher, soit, même, d'émettre un avis. Nous nous sommes contenté d'écrire nos impressions et de répéter ce qui se disait autour de nous: cela est déjà suffisant. Ne réveillons pas les morts (1) !

(1) Les lignes qui précèdent étaient écrites quand le volume de M. de Cathelineau nous est tombé sous la main. Nous laissons notre récit tel qu'il a paru, mais nous pensons qu'il est intéressant, ne fût-ce que comme document historique, de donner la citation qui va suivre :

Je compris tout aussitôt que les vedettes ennemies allaient apparaître sur cette ligne pour observer tous les mouvements de notre armée et que, derrière elles, devait se former, en s'effaçant complètement, une colonne ennemie pour tomber sur les flancs de l'armée, pendant qu'elle serait occupée à l'attaque de Beaune-la-Rolande.

Aussitôt, je fis développer tous nos hommes en une longue file de

Mais, sans troubler la mémoire de ceux qui ne sont plus, on peut affirmer que si le prince Frédéric-Charles avait été attaqué, à Pithiviers, la face des choses

tirailleurs que je fis coucher sur le sol, de façon à ce que l'ennemi ne pût les voir assez pour apprécier leur nombre, surtout la profondeur de la ligne.

Mes hommes ainsi placés, voyaient à une grande distance tout ce qui se passait, de manière que, sitôt qu'un cavalier ennemi se présentait, il recevait des coups de fusil sur toute la longueur de la côte. Ces manœuvres avaient déconcerté les Prussiens dont nous voyions les colonnes s'approcher, puis se retirer immédiatement, sous notre feu. Contre tous les principes de sûreté, je n'avais conservé qu'une réserve insignifiante, afin de garder une ligne plus longue derrière eux. La bataille se livrait. Le général de Polignac n'avait à craindre de notre côté, aucune surprise ; il arriva bientôt de sa personne et me remercia très cordialement des dispositions que j'avais prises.

En effet, nous étions pour notre armée un vrai rideau et des vedettes vigilantes contre l'ennemi qui, voyant qu'il ne pouvait tenter aucune surprise, essaya de nous troubler par son artillerie. Il établit une batterie sur la route de Pithiviers à Beaune-la-Rolande et tirait à la hauteur des moulins...

L'affaire était fortement engagée depuis huit heures du matin. L'artillerie, canons et mitrailleuses, tiraient de part et d'autre, avec un acharnement incroyable ; les feux de pelotons ne discontinuaient pas un instant. L'avantage était à nos troupes jusqu'à midi. Elles avançaient toujours...

De mon côté, j'étais assez inquiet de ce qui se passait vers Courcelles.....

Il était environ midi. Nous supposions que le général Martin des Pallières avait reçu l'ordre d'avancer sur Pithiviers, par la forêt où son corps d'armée était campé à Loury, depuis quelques jours. Mais nous n'entendions rien, et les renforts qui arrivaient constamment de Pithivers nous prouvaient assez que cette diversion ne se faisait pas. Je proposai au général de Polignac d'aller moi-même trouver le général Martin des Pallières, pour lui demander du secours qui, s'il était arrivé, *faisait de cette bataille, la victoire la plus brillante et la plus avantageuse de la campagne.* Cette autorisation me fut refusée ; on me croyait utile sur les lieux et, depuis j'ai vivement regretté de

eût complètement changé, que le général des Pallières en eût reçu l'ordre ou non, et la bataille de
Beaune-la-Rolande, au lieu d'avoir des résultats néga-

n'avoir pas insisté davantage. L'exprès arriva-t-il ? Je ne l'ai jamais su : ce qu'il y a de certain, c'est qu'aucun secours ne vint.

L'ennemi arrivait plus nombreux. Il attaquait de tous les côtés à
la fois. Il se présentait partout. Mais c'était surtout en avant de
Beaune-la-Rolande qu'il multipliait ses efforts. Jusqu'à trois heures
nous conservions toujours l'avantage. Peu à peu, les troupes épuisées et écrasées par le nombre, commençaient à faiblir sans reculer.
Notre artillerie souffrait beaucoup ; plusieurs pièces étaient démon-
tées, des chevaux tués. Le général de Polignac commençait à s'inquiéter... Enfin, on vint me demander de faire avancer un bataillon
pour protéger l'artillerie ;   faisait nuit qu'on se battait encore avec
un acharnement incroyable.

Que de morts ! Que de blessés ! Que d'efforts généreux inutiles !
Je ne m'expliquerai jamais qu'aucun secours ne fût arrivé. Tout espoir ne me semblait cependant pas perdu, malgré l'épuisement de
nos troupes qui, jeunes et peu exercées, n'étaient pas, comme on dit,
endurcies par l'entraînement.

Je me rendis auprès du général de Polignac qui venait de rentrer
dans une maison où gémissaient de malheureux blessés, car le bourg
en était encombré. Il écrivit au général Crouzat un rapport succinct et
demandait ce qu'il y avait à faire. Nous sortîmes ensemble. Les deux
armées se touchaient. Les Prussiens, selon leur usage, faisaient beaucoup de bruit et allumaient des feux partout. Le général, au contraire, recommandait le plus grand silence et ne permettait pas même
qu'on allumât une lanterne. Nous avions dépassé nos sentinelles. Je
mis l'oreille à terre et je fis remarquer au général que l'ennemi se
retirait. On entendait très distinctement 'artillerie et les chariots
rouler sur la grande route dans la direction de Pithiviers. Le général
me demanda si je pouvais rester à passer la nuit avec mes hommes
qui, seuls en ce moment, étaient capables de faire une vigoureuse
résistance. Je lui répondis que s'il pouvait compter encore sur quelques-uns de ses bataillons, j'allais immédiatement tenter une attaque.
L'ennemi était disséminé autour des feux. Il faisait une nuit très
noire. Éclairé pour nous, l'ennemi ne nous verrait pas. J'ajoutai que
j'étais sûr de mes hommes, qu'ils ne me quitteraient pas et qu'au

tifs, pouvait être, pour la France, le commencement de la délivrance (1).

Ici, qu'une petite digression nous soit permise.

Quelques jours après la bataille de Beaune-la-Rolande, un grand journal, *La Gironde*, publiait un compte rendu de la journée. Et quel compte rendu ! Son auteur avait une fière imagination et pouvait rivaliser avec le méridional le plus exagéré. Et si cette prose ne tenait autant de « place », tout comme le soulier de l'auvergnat, on se délecterait, certainement, à la lecture

milieu du désordre des chariots que j'entendais, nous allions les mettre en pleine déroute. Mais le général ne voulut pas tenter ce dernier effort, et je fus obligé d'y renoncer.

Je ne pouvais cependant rester plus longtemps, la forêt m'était confiée, je devais y rentrer ; c'était un devoir impérieux que rien ne pouvait faire transgresser. Mais je promis de revenir à la pointe du jour. Le général me vit partir avec regret, il me renouvela ses remerciements et me dit, ce qu'il m'a écrit et répété souvent depuis, que, par nos manœuvres et notre bonne tenue, nous avions sauvé sa division.....

La Dordogne, les francs-tireurs du Loir-et-Cher et mes chers Vendéens avaient assisté à cette affaire qui leur fait honneur. Toutefois, c'était au bataillon de la Dordogne qu'en revenait le plus de gloire, puisqu'il avait eu les plus grands dangers à courir. C'est ce bataillon qui gardait les batteries ; c'est lui encore qui, le soir, avait été envoyé pour arrêter l'ennemi et protéger l'artillerie de notre armée fortement menacée...

*Corps Cathelineau pendant la Guerre*, pages 277 et suivantes.

(1) Nous avons relaté, sans passion ni parti pris, les impressions du moment. Mais notre impartialité nous fait un devoir de déclarer que, par suite de renseignements puisés à bonne source, le général Martin des Pallières était tout à fait excusable de n'avoir pas quitté sa position de Chilleurs. *Le général d'Aurelle de Paladines n'avait pas voulu qu'il prît part à la bataille de Beaune-la-Rolande !*

d'une aussi extravagante fantaisie. Mais, de cette longue narration due à la plume de quelqu'un qui croyait avoir assisté à la bataille, nous ne retiendrons que cette constatation :

Le bataillon des mobiles de la Dordogne, malgré sa bonne volonté et son courage, étant moins habile au maniement de la baïonnette, a perdu la moitié de son monde.

On sait que le bataillon n'avait pas eu à exécuter la charge à la baïonnette.

Le département de la Gironde touche à celui de la Dordogne, et on comprendra les angoisses des familles dont les enfants composaient le bataillon. Et ceux-là sont bien coupables qui, pour se persuader qu'ils ont assisté à une bataille, n'hésitent pas à répandre de fausses nouvelles et une cruelle inquiétude de deuil dans toute la région.

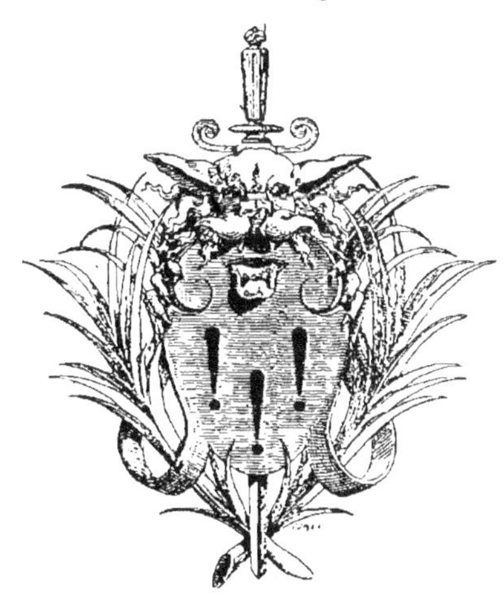

# VI



Le lendemain de la bataille de Beaune-la-Rolande, avant le jour, nous marchâmes sur Batilly et Nancray mais, en prévision d'une rencontre sérieuse et, instruits par l'expérience de la veille, nous nous étions fait suivre d'un fourgon pour ramener nos blessés et emporter des munitions. A peine avions-nous occupé ces deux villages, qu'un officier d'ordonnance nous portait l'ordre de regagner à la hâte nos campements. Pendant notre courte absence, la brigade Chopin était venue occuper Chambon. Cette brigade nous remplaçait et, peu après, nous nous dirigeâmes vers Nibelle, fortement menacé par les Prussiens.

Pendant que nous faisions nos préparatifs de départ, les Allemands faisaient mine d'attaquer Chambon.

Un cavalier français fut enlevé par des éclaireurs ennemis qui durent le relâcher lorsqu'ils aperçurent un
poste de mobiles.

On dirait, véritablement, que, durant cette guerre,
les Allemands ont toujours négligé de nous inquiéter, pour attaquer, presque aussitôt, les troupes bien
plus nombreuses qui nous remplaçaient.

Nibelle est situé tout à fait à l'extrémité de la forêt d'Orléans. Les habitants étaient dans l'affolement,
lorsque nous arrivâmes. Certes, l'ennemi n'était pas
très éloigné, mais il n'était pas, non plus, aussi près
qu'on le supposait. Il se montrait peu. Une de nos
sentinelles fut cependant blessée pendant la nuit.

Le 30 novembre, au soir, nous étions de grand'garde,
en avant de Nibelle, avec mission de tenir jusqu'à la
dernière extrémité : notre compagnie avait en main
la clef de la forêt puisque, déjà, un mouvement de
retraite s'était manifesté. Le 3ᵉ zouaves bivouaquait
en face de nous, après avoir abandonné les positions
qu'il avait conquises le 28, au prix d'énormes sacrifices, à Beaune-la-Rolande.

Là, comme partout, les zouaves cherchaient à se
débrouiller. Ils visitaient les fermes pour trouver de
la paille et des vivres. Une femme vint, effarée, nous
trouver.

— Qu'avez-vous donc, ma brave femme ?

— J'ai, monsieur l'officier, que j'avais des lapins dans mon étable et qu'ils n'y sont plus !

— Ce ne sont pas mes mobiles qui les ont pris ?

— Non, monsieur. Les jupons rouges sont venus et sont partis...

— Et ils les ont volés ?

— Oh ! non, ils ont oublié de me les payer !

Voilà un oubli qui ne pèsera pas lourd sur la conscience de ces braves !

Un de nos mobiles avait envie d'un bonnet de zouave et, avisant l'un de ces vieux soldats d'Afrique :

— As-tu un fez à me vendre ? fit-il.

— J'en ai un ; mais il est dans mon sac, à Beaune-la-Rolande !

— Farceur, va !

— Combien l'aurais-tu payé ?

— Vingt sous !

— Donne-moi quarante sous, et je vais le chercher. Ça fera un sou de plus par kilomètre ?

— Tout de même, répondit le moblot.

Le zouave partit, traversa les lignes prussiennes, trouva son sac — ou celui d'un autre — et rapporta le fez. Il avait marché toute la nuit. Ces vieux « brisquards » sont capables de tout, et rien n'est au-dessus de leur courage ou de leur témérité.

Vers dix heures du soir, les sentinelles signalèrent

un mouvement important de troupes. Étaient-ce les Prussiens ? Étaient-ce les Français ?

Bientôt, le doute ne fut plus permis. Notre armée battait en retraite.

Dans la maison où nous nous tenions à l'abri, pénétra un officier de marine fortement galonné qui voulut s'installer comme en pays conquis (on sait que les galons de nos officiers de marine sont très larges). En nous voyant, il ne put réprimer un mouvement de mauvaise humeur et nous interpella assez brusquement.

— Que faites-vous ici, lieutenant ?

— Mon général, je suis de grand' garde.

— Dans une maison ?

— Mes hommes se reposent sur la paille, les autres sont de service : moi je veille et fais des rondes !

— Ah ! c'est vous qui commandez ce poste ? Vos sentinelles m'ont assez ennuyé. A chaque pas, elles m'arrêtaient.

— Mon général, nous savons nous garder !

— Vous allez me céder votre place et relever vos sentinelles !

— Oui mon général, si vous m'en donnez l'ordre écrit. J'ai ma responsabilité à sauvegarder !

— Je n'ai pas d'ordres à vous donner !

— Alors, je reste et ne déserte pas mon poste !

— Savez-vous, lieutenant, que vous parlez à un général ?

— Oui, mon général, mais je sais aussi que je suis responsable du poste qu'on m'a confié.

— C'est bien !

Et le général, après nous avoir demandé le nom de notre chef de bataillon, lui envoya un de ses aides de camp pour lui dire de *nous ordonner de nous retirer*.

Voici, textuellement, la réponse *écrite* de notre commandant, le père Marty :

Mon cher lieutenant,

Vous avez bien fait d'agir ainsi ; autrement, je vous aurais puni. Mais vous pouvez *vous retirer puisqu'une division vient prendre la place d'une de mes compagnies.*

Ce billet, court et énergique, est bien l'écrit d'un vieux soldat. Pour un peu, le général l'eût trouvé impertinent !

Les sentinelles relevées, nous partageâmes la paille de nos soldats et le général garda la maison. Vers une heure du matin, on vint nous faire lever. Le général demandait à nous voir.

— Lieutenant, fit-il, je vous ai fait appeler pour vous demander des renseignements sur la forêt d'Orléans. La connaissez-vous ?

— Autant qu'on puisse la connaître après y avoir séjourné pendant trois semaines, mon général !

— Soyez assez bon pour me renseigner sur l'emplacement des troupes qui l'occupent.

Alors, général et lieutenant tinrent un petit conseil de guerre. Le général devenait aimable.Il étala sur la table une carte d'état-major sur laquelle nous suivîmes les mouvements de l'armée.

— Garantissez-vous ces renseignements, demanda le général ?

— Non, mon général, les événements ont pu faire changer de place nos forces mais, hier encore, cela était exact. Du reste, vous avez assez de troupes sous vos ordres pour faire faire des reconnaissances ?

— C'est inutile, je m'en tiens à ce que vous me dites !

Le général, moins raide, maintenant, et de meilleure humeur, nous invita à partager son souper, ce qui n'était point désagréable car, dans un poste avancé, on mange quand on a le temps et quand on a quelque chose à se mettre sous la dent.

Voilà comment nous avons connu le capitaine de vaisseau Aube, à cette époque général au titre auxiliaire (1).

_______________

(1) Nous avons eu l'occasion, après la guerre, de rencontrer l'amiral Aube qui se souvenait parfaitement de ce qu'il appelait « la nuit de Nibelle ». C'était un soldat, dans la plus large et la meilleure acception du mot. Il allait droit son chemin, et bataillait pour ses idées qu'il croyait justes. Il fut ministre de la marine et sacrifia trop à ses

Rentré dans Nibelle encombré de troupes de toute sorte, je rencontrai un ancien camarade de collège, un compatriote perdu de vue depuis de longues années. Il faisait son service aux hussards. J'avoue que, tout d'abord, je ne le reconnaissais pas. Les circonstances, les uniformes, les préoccupations, le brouhaha d'une foule bigarrée, affairée, changeaient singulièrement le souvenir calme du jeune âge dans notre patelin natal. On s'aborda.

— Comment ça va, lieutenant ? Quel hasard de se rencontrer ! Vous ne m'avez pas reconnu, tout de suite ? Ce n'est pas étonnant : c'est que depuis le collège, j'ai pris de la *forteresse !*

Je reconnus le *pays* qui, en effet, avait grossi et pris de la « forteresse ». On s'embrassa, on causa un peu, on se souhaita bonne chance, et chacun courut à son devoir.

amitiés. C'est un reproche auquel tout le monde ne s'expose pas. Mieux entouré, il eût été un grand ministre de la marine. C'était un grand honnête homme peu fait pour les compromissions politiques qu'il jugeait sévèrement. Nos relations, commencées sur le champ de bataille, sur un ton un peu aigre-doux, devinrent régulières, presque intimes, en tous cas, presque affectueuses. Et, pendant la paix, nous luttâmes encore sur la question des cuirassés : l'amiral et le journaliste en étaient arrivés, cependant, à tomber à peu près d'accord. Il nous est agréable, en passant, de rendre hommage à la droiture des sentiments et au patriotisme d'un homme qui ne voulait que le bien de son pays.

Le 1ᵉʳ décembre, le bataillon des mobiles de la Dordogne alla prendre position en arrière de Nibelle, à Sainte-Radegonde, à l'embranchement des routes de Nibelle à Ingrannes et de Loury à Chambon. Là, nous devions attendre les ordres de Cathelineau pour nous diriger dans la forêt de Fontainebleau.

Nous allons partir pour la forêt de Fontainebleau, dit une lettre datée de Nibelle, du 1ᵉʳ décembre ; il neige et fait froid...

Depuis hier soir, les bruits les plus contradictoires circulent : nos troupes passent ici, battant en retraite, selon les uns, attirant les Prussiens dans un piège, selon les autres. On ne sait à quoi s'en tenir. Nos généraux sont des... ; je crains bien que leur incurie ne nous conduise à mal. Nos soldats font une espèce de parade sur les routes, à droite, à gauche, ce qui pourrait faire supposer une manœuvre. Espérons toujours !

Cathelineau était parti pour Fontainebleau et nous n'attendions plus qu'un ordre pour l'y suivre.

Le 2 décembre, on entendit le canon du côté de Chilleurs, à l'entrée de la forêt d'Orléans. A quatre heures du soir, il tonnait encore lorsque nous nous présentâmes au quartier général du général Crouzat, commandant les 18ᵉ et 20ᵉ corps. Le général nous dit :

— Que voulez-vous, lieutenant ?

— Avoir des nouvelles, mon général, et savoir ce que nous devons faire.

— A quel corps appartenez-vous ?

— Au corps Cathelineau. Nous devions aller à Fontainebleau !

— Cathelineau est en effet parti pour Fontainebleau, mais il a dû recevoir l'ordre de revenir. Ça va mal. Vous entendez encore le canon ? C'est Martin des Pallières qui se bat. Ce matin, il m'a fait demander des renforts pressants, il a été attaqué par Frédéric-Charles en personne. *Je lui ai envoyé deux bataillons et une batterie !*

Deux bataillons et une batterie ! Cruelle ironie ! Le général Crouzat avait sous ses ordres une soixantaine de mille hommes, et il laissait écraser son collègue, à quelques kilomètres de lui ! C'était à n'y pas croire. Cette réponse nous avait tellement surpris, que le képi nous tomba des mains. Nous restâmes muet d'étonnement.

— Qu'avez-vous ? reprit le général.

Nous ne répondîmes pas. Il continua :

— Avez-vous un bon bataillon ? Qui le commande ?

— Notre bataillon est aussi bon que possible : il est commandé par un ancien chef de bataillon de la ligne.

— Eh bien ! dites à votre commandant de se porter sur Courcy, *c'est là que passera toute l'armée prussienne !*

Nous ne fîmes aucune réponse, aucune réflexion, aucun commentaire.

Rentré au camp, nous rendîmes compte de notre

mission. Le commandant prononça, en haussant les épaules, le mot de Cambronne.

Ne dirait-on pas que tout, pendant cette malheureuse guerre, a conspiré contre nous ? Envoyer *un bataillon* pour s'opposer à la marche de toute une armée ! Notre bataillon ne bougea pas, ni l'armée du général Crouzat et, pendant ce temps, les Prussiens, masquant leurs mouvements derrière un rideau de cavalerie, marchaient sur Patay.

C'est ainsi qu'on a continuellement procédé !

Sans nouvelles, sans ordres du colonel de Cathelineau, nous nous tenions prêts à toute éventualité, bien qu'étant couverts par les soixante mille hommes du général Crouzat. Enfin, le 4, à dix heures du soir, un éclaireur à cheval porta un billet de Cathelineau qui nous enjoignait de partir aussitôt pour Vitry-aux-Loges, où il devait nous rejoindre. Le camp fut levé à la hâte, les feux restèrent allumés, on se replia ; on était cerné, sans s'en douter. A gauche et à droite de la route, on apercevait des feux, on entendait des voix. Nous pensâmes qu'une de nos colonnes, la Légion Bretonne, était campée dans ces parages, et nous passâmes sans plus nous en inquiéter.

Bientôt, nous entendîmes des hourrahs et des coups de fusil dans la direction du camp que nous venions d'abandonner.

Que se passait-il ?

Les Prussiens, croyant avoir affaire à une de leurs colonnes, nous avaient paisiblement laissés retirer et puis s'étaient portés sur notre camp, dans l'espoir de nous surprendre. Les feux, restés allumés, nous avaient sauvés.

En partant pour Fontainebleau, M. de Cathelineau nous avait envoyé un chasseur qui se trompa de route et ne parvint pas jusqu'à nous. Aussi était-il inquiet sur notre sort. Voilà ce que dit, à ce sujet, le chef vendéen dans l'ouvrage qu'il a publié, sous ce titre : *Le corps Cathelineau pendant la guerre.*

C'était en vain que j'avais attendu les bataillons en retard. J'en étais fort inquiet, et leur absence me faisait supposer qu'ils avaient trouvé l'ennemi entre eux et nous. Mes braves amis de la Dordogne étaient restés à leur campement, en arrière de Nibelle. Seuls, dans la forêt, ils ne s'étaient pas émus de ce qui s'y passait, préoccupés, moins de leur salut que de leur devoir. C'est très beau, surtout dans notre temps et, en face de tant de défaillance, c'était de l'héroïsme...

Je leur avais donné rendez-vous à Vitry, pour deux heures du matin, ils y étaient, exactement.

On se posait la même question : que se passait-il donc ?

En arrivant à Vitry-aux-Loges, nous apprîmes que l'armée française battait en retraite de tous côtés, que le général d'Aurelle avait été battu à Patay, que le

général Martin des Pallières avait été défait à Chilleurs et que Frédéric-Charles le poursuivait. Quant à
l'armée du général Crouzat, elle se repliait sans avoir
brûlé une seule cartouche.

Le désastre était complet, et c'est grâce au sang-
froid de M<sup>me</sup> de Cathelineau qu'il ne fut pas plus
meurtrier. Elle dirigeait l'ambulance de notre petit
corps d'armée et était à Loury, quand les Prussiens
la firent prisonnière. Mais elle trouva le moyen de
faire prévenir son mari par un homme dévoué, et
c'est ainsi que nous échappâmes aux Allemands.

A peine engagés sur la route de Jargeau, il fallut
rétrograder : un officier d'état-major nous annonça
que les Prussiens occupaient la ville. Alors, changeant de direction, Châteauneuf devient notre objectif.
Là, un pêle-mêle affreux de soldats de toutes armes,
de chariots, de canons, de caissons ! Spectacle pénible d'une armée en désordre ! Mais le pont de Châteauneuf est coupé, et nous recevons l'ordre de marcher sur Sully où nous traverserons la Loire. La nuit
était si noire, que notre bataillon fut divisé par un
train d'artillerie. On n'y voyait pas à deux pas devant
soi, et il fallait marcher, marcher toujours !

La fatigue abat l'homme le plus courageux, le plus
énergique, le plus vigoureux, car les forces humaines ont une limite. Mais le manque de sommeil est
peut-être plus invincible que la fatigue ; on ne peut

lutter contre lui, quelle que soit la volonté dont on soit armé. On est vaincu par avance ; il n'y a plus qu'à capituler lorsque le sommeil vous empoigne. En voici un exemple typique et essentiellement véridique : nous le citons, le fait étant assez extraordinaire.

On sait que la retraite avait commencé à dix heures du soir, c'est-à-dire au moment de l'extinction des feux, alors que les soldats allaient prendre un peu de repos. Au bout d'une heure de marche, le sommeil s'empara de nous, tant et si bien, que nous tombions dans les fossés, nous heurtant contre les chevaux, contre les canons, contre les hommes. Nous tentâmes de résister : la chose fut impossible. Prolonger la lutte, c'était vouloir tomber sur la route et être fait prisonnier quelques heures après. Il fallait donc s'arrêter à un parti. C'est alors que, prenant le bras d'un sergent, nous pûmes continuer la route. Et *pendant cinq heures*, nous avons dormi en marchant, non pas aussi bien que dans un lit, ainsi qu'on le peut supposer, mais assez pour ne pas se rendre compte de ce qui se passait autour de nous !

Arrivés à Sully, nous nous trouvons en présence d'un pont fortement ébranlé par le passage de l'artillerie et, de plus, battu par de gigantesques glaçons que charrie la Loire. Un officier supérieur de la marine surveille le passage, chaque troupe traverse à son tour. Des dispositions sont prises pour que l'ennemi soit maintenu à distance dans le cas où il tenterait de s'opposer à la retraite de l'armée, pour la jeter dans la Loire. C'est à la légion étrangère que cette mission était confiée. Enfin, petit à petit, le passage s'effectue et, bientôt, on sera à l'abri d'un coup de main, le fleuve formant une barrière infranchissable, car le pont est miné et sautera lorsque le dernier Français aura passé .

Le pont de Sully sauta, en effet, entraînant dans sa chute l'adjudant d'artillerie chargé de l'opération.

La retraite continuait, triste, rapide. On espérait arriver en face d'Orléans pour empêcher les Prussiens de traverser la Loire, persuadés qu'on était que les Français, en se retirant, avaient détruit les ponts. Encore une illusion ! Au lieu de se porter à la rencontre de l'ennemi, il fut plus que prudent d'activer notre retraite, et nous quittâmes Vannes où nous espérions prendre un repos d'une nuit.

On ne faisait que toucher barre dans les villages, tant l'ennemi nous harcelait, nous suivait de près. Ses éclaireurs nous avaient découverts et, bientôt, il tira sur nous à mitraille. Cette attaque fut, fort heureusement, inoffensive. Cependant, des hommes fatigués et malades ne pouvant plus aller, s'arrêtaient, s'attendant à être tués ou faits prisonniers. Spectacle navrant ! On voyait des jeunes gens anéantis par la fatigue, pleurer de rage et hors d'état de se défendre. Ils n'en avaient plus la force !

Sur le pont du chemin de fer, il y eut une escarmouche assez sérieuse. Un ancien zouave, le sergent Boutinot, s'était improvisé chef d'arrière-garde, ralliant autour de lui tous les éclopés. Un parti de cavalerie ennemie était en vue, se tenant à une assez grande distance, pendant que l'officier venait sommer les mobiles de se rendre.

— La résistance est inutile, disait-il, notre infanterie arrive, vous êtes pris !

Le sergent Boutinot qui parlementait, se déclara prêt à se rendre avec ses quelques hommes, mais pas à un seul Prussien.

— Venez en nombre suffisant, dit-il, et nous nous rendrons !

L'officier allemand escomptant par avance sa bonne fortune, va rejoindre sa troupe pour la ramener. Pendant ce temps le sergent a sermonné, organisé ses moblots qui se cachent dans les pins, quelques-uns seulement devant rester avec lui, sur le talus. L'escadron allemand arrive, faisant le beau, sur la route.

— Rendez-vous, s'écrie son chef en s'adressant à Boutinot, rendez-vous ! — Parfaitement et de la même façon que les habitants de Châteaudun, répond notre sergent.

Et il fait quelques pas pour démasquer ses hommes qui se lèvent aussitôt, et font feu sur les cavaliers qui détalent ventre à terre. Les moblots étaient

## L'EXEMPLE DE CHATEAUDUN N'A PAS ÉTÉ SUIVI

Extincto revivisco, « *Eteinte je revivrai* ». Telle est la devise de Châteaudun.

Châteaudun n'a pour se défendre que douze cents hommes, six cents francs-tireurs parisiens, cent quinze francs-tireurs de Cannes, des volontaires de Loir-et-Cher et trois cents gardes nationaux dunois; pas un cavalier, pas un canon n'étaient à la disposition des héroïques assiégés.

La division prussienne était forte de douze mille hommes; et disposait de vingt-quatre pièces de canon.

A midi, l'artillerie prussienne couvre Châteaudun de projectiles; les ambulances sont bombardées; à l'extrémité de la ville et au centre, les traits de courage abondent dans cette journée; à la nuit seulement, il faut abandonner la place; les défenseurs de la ville sont repoussés dans ses rues adjacentes; ils sont noirs de poudre et, la rage au cœur, exaltés par la lutte dans un suprême élan de patriotisme, ils entonnent les mâles couplets de la Marseillaise, en se précipitant à la baïonnette contre les Prussiens; on se bat dans l'ombre, on se bat corps-à-corps; on se poignarde, on s'égorge; la place de Châteaudun est reprise par cette poignée de braves, mais le flot noir d'ennemis, ivres de carnage, met le feu partout; et pendant que les assaillants se fusillent entre eux par méprise, nos héros se retirent par le faubourg Saint-Jean, éclairé comme en plein jour par les flammes qui émergent des ruines; cette journée avait coûté deux mille cinq cents hommes à la **22ᵉ** division prussienne.

si éreintés, que leur tir ne fut pas très juste. Il y eut cependant plusieurs blessés. Quant au chef de peloton, Boutinot lui avait signé son laissez-passer pour l'autre monde.

A compter de ce moment, nous fûmes un peu plus tranquilles, étant parvenus à franchir la ligne d'opération des Prussiens qui, cependant, étaient toujours près de nous.

Quand on pense à la première période de cette retraite, on se demande comment des hommes ont pu supporter de pareilles fatigues. Combien pensaient, à ce moment-là, ne jamais revoir leur famille ! Nos pertes furent insignifiantes et le repos allait refaire nos forces épuisées.

On comprendra combien ce repos était nécessaire, après une aussi longue marche. Nous étions partis le 4 décembre, à dix heures du soir, et ce n'est que le 6, vers neuf à dix heures du matin, que nous arrivâmes à Neung-sur-Beuvron, après une marche forcée de *soixante* heures dans les bois, dans les chemins défoncés et couverts de neige. Nous avions marché pendant *trois nuits et deux jours et demi*, sans presque nous arrêter, mangeant fort mal et fort peu. Nous avions fait *cent cinquante kilomètres !*

Eh bien ! nous pouvons le dire, on ne désespérait pas encore.

Neung était pour nous une sorte de terre promise.

On en profita pour faire savoir à sa famille qu'on était encore de ce monde. Voici une lettre datée de Neung, 7 décembre, qui donne une idée de l'esprit qui nous animait :

Notre voyage de Fontainebleau a été singulièrement modifié. Cathelineau était déjà parti, et si le chasseur porteur de l'ordre du départ nous avait rencontrés, nous aurions été en marche lorsqu'il a fallu rétrograder, et pas de peu. Les Prussiens qui veulent prendre Cathelineau et sa bande, sont continuellement sur nos traces, et leurs éclaireurs harcèlent les traînards qui ripostent assez bien. Beaucoup d'hommes étaient restés en arrière, mais presque tous ont rejoint et nos pertes se réduiront à quelques soldats disparus par compagnie. En somme, selon le mot devenu par trop français, nous nous replions en bon ordre ! Les corps d'armée se sont ralliés et pourront, avant peu, recommencer la lutte. Puisque la victoire ne vient pas à nous, nous irons la chercher.

Toute la journée, aujourd'hui, le canon a grondé dans la direction d'Orléans, avec assez de persistance pour faire croire à une bataille et faire espérer une résistance de notre part. Le son semblait venir de Beaugency, et cette bataille durait depuis le matin, à huit heures, pour ne finir qu'à quatre ou cinq heures du soir. Peut-être les Prussiens trouveront-ils devant eux autre chose que des fuyards. Les uns prétendent que c'est le 17ᵉ corps qui leur tient tête et qui, jusqu'à ce jour, n'avait pas brûlé une seule cartouche ; d'autres disent que Ducrot est entré à Orléans sans coup férir. Un soldat m'a affirmé que ce dernier était à Étampes la nuit dernière.

Nous partons demain matin pour Bracieux d'où nous gagnerons Chambord, puis Blois. Nous avons fait cent cinquante kilomètres, sans presque nous arrêter. J'ai été heureux d'être bon marcheur, et l'habitude de la fatigue m'a servi. Je mange quand je trouve et si j'en ai le temps. Je vais très bien et ne me plains pas, disposé que je suis à faire mon devoir de Français jusqu'au bout et à vendre chèrement ma peau. Enfin, ayons bon courage et bon espoir !

Nous avons eu une belle chance d'échapper à Frédéric-Charles qui a affecté *quatre mille* hommes à notre poursuite. Je crois que, maintenant, lui et ses quatre mille hommes peuvent se fouiller. Ils ne nous prendront plus !

En quittant Neung-sur-Beuvron, nous nous dirigeâmes sur Bracieux puis, de là, sur Tour-en-Sologne où, disait-on, nous allions goûter quelques jours de repos.

C'est là que se termina la première partie de la retraite d'Orléans. Nous étions cantonnés à environ quatre kilomètres de Chambord.

CHATEAU DE CHAMBORD

## VII

A BLOIS. — UNE PANIQUE. — AFFAIRE DE CHAMBORD. — RESPONSABILITÉS. — LA RETRAITE CONTINUE. — LA CAMPAGNE DE LA LOIRE EST TERMINÉE.

Tour-en-Sologne est un tout petit village situé sur la route de Blois. Il ne pouvait contenir tout notre bataillon qui fut divisé dans les fermes, notamment à Villesavin, remarquable par son château sur lequel des salamandres sculptées attestaient son origine. C'est là qu'on devait ou qu'on aurait dû prendre un long repos, bien mérité, du reste.

Blois était tout près. On y envoya quelques officiers pour aller chercher des effets indispensables, effets que nous y avions laissés à notre départ, au mois d'octobre, car nous n'avions emporté que le strict nécessaire pour une campagne de courte durée, et cette campagne avait duré près de deux mois. L'officier payeur du bataillon était du nombre.

C'est dans le break du château de Villesavin que nous montâmes pour aller à Blois nous acquitter de notre mission. Mais à peine étions-nous arrivés, qu'une panique s'empara des habitants de la ville et des troupes qui l'occupaient. Les rapports les plus extraordinaires circulaient, exagérant le mal et diminuant la confiance des soldats. Le général commandant fit paraître un ordre interdisant à tout soldat de sortir de la ville et enjoignant aux officiers sans troupe de venir se mettre à la disposition de l'autorité militaire.

Notre situation était des plus embarrassantes. Comment faire? Rester à Blois pour être incorporés dans un régiment, ou bien rejoindre notre corps?

Un petit conseil de guerre fut tenu, entre nous, et nous décidâmes, coûte que coûte, de rentrer à Villesavin. Nous fîmes atteler le break et nous nous présentâmes sur le pont, pour passer. Une sentinelle s'y opposa. La circulation du pont était réservée au matériel: personne ne sortirait plus de la ville! Ce n'était pas notre compte et nous fûmes trouver le général commandant la place de Blois.

—Mon général, je viens vous demander l'autorisation de rallier mon bataillon qui est à quelques kilomètres d'ici.

— On ne sort plus, l'ordre est formel!

— Mais mon général, je n'ai pas de soldats, je suis libre...

— L'ennemi est aux portes de la ville, vous serez pris avant d'avoir fait un kilomètre!

— Qu'importe, mon général, il nous faut rejoindre nos hommes !

— Comment êtes-vous ici ?

— Nous sommes trois. L'officier payeur est avec nous et emporte la solde du bataillon !

— C'est d'autant plus imprudent !

— Mais, mon général, on nous attend avec la solde...

— Partez-vous à pied ?

— Nous avons une voiture et de bons chevaux !

— Eh ! bien, puisque vous le voulez, partez, mais vous êtes un fou !

Le général signa un laissez-passer et nous pûmes traverser le pont encombré de chariots, d'hommes, de canons, de caissons, etc...

Nous ne rencontrâmes, sur la route, que des soldats, la plupart sans armes, se retirant, à la débandade. En arrivant au château de Villesavin où nous espérions trouver les nôtres, nous apprîmes qu'ils étaient partis à la hâte, emportant nos bagages. Nous serrâmes fortement et grassement la main du brave cocher qui nous avait conduits, et nous recommençâmes notre retraite, cherchant à rattraper notre bataillon.

Que s'était-il donc produit pendant notre absence ?

L'affaire a fait trop de bruit en son temps, la lumière est trop restée sous le boisseau, pour que nous tentions de mettre la vérité au grand jour. Le châ-

teau de Chambord, pourtant si facile à défendre,
avait été pris sans coup férir. Les responsabilités furent grandes; le désastre ne le fut pas moins. A qui
incombent ces responsabilités ? Nous ne saurions le
dire d'une façon précise, mais ce que nous pouvons
dire, c'est ce qui se racontait.

Chambord était occupé par une brigade commandée
par le général Maurandy. L'artillerie était parquée
dans la cour du château. On ne se gardait pas, ou
mal. Un capitaine, étonné de voir ce manque de précautions, avait pris sur lui de placer des sentinelles
dans le parc, pour n'être pas surpris. Il se heurta contre les Allemands cachés dans les bois. Le capitaine
se retira précipitamment, poursuivi par les Prussiens
qui entrèrent à sa suite dans la cour du château. Les
pièces de canon étaient dételées, sans garde ; une
seule fut sauvée par un artilleur qui y attela un cheval et l'emmena. La chronique ajoutait que l'artilleur
était un peu... lancé.

On s'imagine ce que dut être la débandade, à l'entrée de la nuit ! La surprise était complète. Combien
étaient les Allemands? On a prétendu qu'une compagnie prussienne égarée s'était jetée dans le parc de
Chambord, pour s'y cacher. Quelque extraordinaire
que puisse paraître cette assertion, elle pourrait être
vraie, puisque l'ennemi se contenta d'occuper Chambord sans même essayer de profiter de son avantage.

Le général Maurandy quitta Bracieux le soir même, triste et abattu. Il était huit heures du soir. Le général traversa le village, à cheval, et fut tout surpris de voir une masse compacte et en ordre, lorsque sa brigade était dans le désarroi le plus complet. Alors, avisant un officier, il lui demanda :

— Quelle est cette troupe, et qui la commande?

— Ce sont les mobiles de la Dordogne, et c'est moi qui les commande, mon général, répondit le père Marty.

— Jolie pétaudière que la mobile !

— Il y a mobile et mobile, mais il faut savoir la commander !

Le général Maurandy tourna bride, sans souffler mot.

Cette affaire de Chambord fut déplorable à tous les points de vue. Le général Maurandy fut destitué.

A ce propos, nous citerons quelques lignes du livre de M. de Cathelineau, lignes qui montreront au lecteur que, ce qui se disait à Bracieux, pouvait bien n'être que la vérité.

Et moi aussi, j'aurais voulu reprendre Chambord et sa forêt, pour mon pays que j'enrageais de voir ainsi souillé par la présence de l'ennemi. Mais Chambord était déjà occupé fortement par les Prussiens qui, tout d'abord, partant de Saint-Dié, n'étaient venus qu'au nombre de *deux cents*, et c'est avec ce petit nombre qu'ils s'en étaient emparés. Qui eût pu le croire ?

C'est M. de Cathelineau qui fut chargé par le gouvernement de la Défense Nationale de faire une enquête sur la conduite du général Maurandy. Ce général est mort : paix à ses cendres !

La seconde période de notre vertigineuse retraite commençait.

De Bracieux, nous fûmes à Contres, puis à Saint-Aignan, ville essentiellement facile à défendre et dans laquelle nous espérions attendre l'ennemi de pied ferme et nous opposer à sa marche victorieuse. La garde nationale affichait des idées belliqueuses, et on comptait un peu sur elle. Notre présence avait rassuré les habitants qui criaient bien haut:

— Notre garde nationale n'est pas comme les autres, elle se battra bien. Vous la verrez à l'œuvre !

On fut se coucher, tant dans la ville que dans les environs, persuadés qu'on allait en venir aux mains, l'ennemi étant tout près. Mais à peine nos hommes étaient-ils endormis, qu'il fallut continuer la retraite.

Que devenait donc la belle ardeur des gardes nationaux ? Elle avait fondu à mesure que le froid augmentait et, tous, spontanément, avaient déposé leurs fusils à la mairie. Ils s'étaient désarmés tout seuls, dès que la présence des Prussiens avait été signalée à Selles-sur-Cher. Un instant, nous eûmes la pensée de forcer ces mauvais citoyens à se battre et à défendre leur ville, presque imprenable. Mais c'eût été peine inutile, et nous nous retirâmes, pendant la nuit, sur Écueillé.

A Saint-Aignan, nous étions logé chez un brave homme qui avait avec lui une fort jolie nièce, Parisienne pur sang, que le siège avait chassée de Paris. Bismarck et Guillaume étaient les bêtes noires de cette jeune fille qui leur avait voué une haine éternelle. Au moment de notre départ, nous lui dîmes, en riant :

— Espérons, mademoiselle, que Guillaume ne vous emportera pas !

— Oh ! la vieille bourrique !

Ceci fut dit avec une telle conviction, avec un tel accent d'horreur, que nous ne l'oublierons jamais, et si, par hasard, cette jeune fille ou cette jeune femme nous lit, elle se souviendra certainement du mot prononcé le 10 décembre 1870 !

A Écueillé, on avait dépassé la ligne d'opération de l'ennemi et on n'avait plus à craindre d'être coupé dans sa retraite. Nous ne voudrions pas abuser des citations, mais les lettres, écrites sur place, ont une véritable importance et donnent une idée exacte de l'état dans lequel se trouvaient les esprits à ce moment-là. Celle-ci est datée d'Écueillé, 11 décembre :

Notre temps se passe en marches, ce qui fait que je ne peux pas t'écrire quand je le voudrais. Le plus souvent, nous

arrivons à huit ou neuf heures du soir pour repartir à trois
ou quatre heures du matin. Nous sommes obligés de faire
ressemeler nos chaussures pendant notre sommeil, autrement, nous ne le pourrions pas. Beaucoup de fatigues,
mais pas de découragement. Tout espoir n'est pas perdu,
car la lutte ne cesse pas. Chaque jour, quelque bataille
est engagée, bataille qui n'est point une victoire, mais qui
arrête l'ennemi.

Les Prussiens agissent d'audace et frappent de terreur
les populations, en se montrant partout. Ils sont peu nombreux et, malgré cela, on fuit devant eux. Si j'étais ministre de la guerre, je ferais fusiller tout chef de corps qui se
laisserait surprendre ou fuirait devant une armée qui ne
serait pas de beaucoup supérieure à la sienne. Cet exemple maintiendrait les troupes qui en ont besoin. A preuve
l'affaire de Chambord.

D'Ecueillé on gagna Buzançais, puis Châteauroux,
où les habitants nous accueillirent avec beaucoup de
sympathie.

Du 14 au 17, Châteauroux fut notre quartier général et chacun essaya de mettre à profit ces deux jours
pour s'équiper le mieux possible. Notre département
nous avait envoyé quelques secours qui furent bien
vite épuisés, tout le monde ayant besoin de renouveler
vêtements et chaussures.

Enfin, le 17, nous abandonnâmes Châteauroux
pour aller à Châteauneuf-sur-Cher, où nous restâmes
jusqu'au 2 décembre.

Notre retraite était terminée et, aussi, notre campagne de la Loire.

Dans l'espace de huit jours, nous avions fait plus de quatre cents kilomètres !

FIN DE LA PREMIÈRE PARTIE.

# DEUXIÈME PARTIE

## CAMPAGNE DU MANS

DEUXIÈME PARTIE

# CAMPAGNE DU MANS

I

Ou va-t-on ? — Nous sommes désignés pour l'armée de l'est, avec Bourbaki. — Destination changée. —Nous allons au Mans, avec Chanzy.— Trois jours et quatre nuits en wagons. — A peine arrivés, départ pour les avant-postes. — La maison Potier. — Le général Chanzy au commandant prussien, a Vendôme.

Châteauneuf-sur-Cher, pauvre petit village, ma
bâti, était peu susceptible de subvenir par lui-même
aux besoins d'une troupe, quelque minime qu'elle fût.
Aussi devint-il indispensable de nous suffire à nous-
mêmes, d'organiser comme une intendance particulière et de faire faire, par nos hommes, le pain qu'on
se serait difficilement procuré.

Nous allions donc prendre un repos bien gagné, après nos marches forcées et les rudes fatigues de la retraite de la Loire. Certes, on n'était pas très bien, dans ce village, mais il fallait tenir compte de la bonne volonté des habitants qui, à part quelques rares exceptions, furent amicalement attentionnés pour nous. Et puis, n'étions-nous pas habitués aux fatigues et, par conséquent, plus à même de supporter certaines privations?

Le jour du départ approchait, cependant, car le repos n'était jamais bien long.

Mais, où irait-on?

Que ferait-on?

On n'était point fixés, et il n'y avait qu'à attendre les ordres.

Le général Bourbaki, à la tête de l'armée de l'Est, allait entrer en campagne, et on affirmait que notre petit corps d'armée était destiné à lui servir d'avant-garde. Grande fut notre joie, et le 20 décembre, à quatre heures du soir, nous quittâmes Châteauneuf par un train spécial.

Il y a un vieux proverbe qui dit: On sait bien quand on part, mais on ne sait pas quand on revient! Ici, on peut l'appliquer avec une légère variante: Nous partions, mais quand arriverions-nous? Il eût été difficile de le dire. Le voyage devait durer vingt-quatre heures et on avait l'ordre de se prémunir de vivres pour trente-six ou quarante heures. Nevers paraissait être notre destination. La nuit se passa en chemin de fer, et nous allions arriver à Bourges, lorsqu'un contre-ordre nous assigna une autre direction. Ce n'était plus Bourbaki que nous allions rejoindre, mais le général Chanzy, au Mans.

Ce fut un véritable voyage au long cours, que nous fîmes. Le temps était rigoureux. Partout de la neige, de la glace et, aux rigueurs de l'hiver, s'ajoutait l'insuffisance de notre équipement. Parqués dans des wagons à bestiaux, nos hommes souffraient de la faim et du froid, et il était matériellement impossible d'apporter la moindre amélioration à une aussi triste situation. Tous étaient dans le même cas, endurant les mêmes privations, les mêmes souffrances!

Était-ce possible, en effet, de prévoir qu'on resterait si longtemps en route? Les ordres manquaient de précision, et ceux-là qui nous avaient fait embarquer, ne savaient peut-être pas eux-mêmes où nous envoyer.

Bientôt, les provisions s'épuisèrent. Les voies ferrées étaient encombrées et, souvent, on s'arrêtait plusieurs heures en rase campagne, loin de toute habitation ou de tout village. Et lorsque le hasard faisait qu'on était près d'une ville offrant quelque ressource, on n'y pouvait aller dans la crainte de laisser partir le train et de ne plus retrouver ses camarades. L'indécision, le doute étaient grands !

On passa par Châteauroux, Bourges, la Souterraine, Poitiers, Niort, Bressuire, Cholet où les dames de la ville vinrent distribuer à nos hommes, du bouillon et du vin ; nous traversâmes Angers et, enfin, le 24 décembre, à trois heures du matin, nous débarquâmes au Mans.

Ce n'est pas la longueur du trajet qui est extraordinaire, mais bien le temps employé à le parcourir. Pour venir de Châteauneuf-sur-Cher (près Châteauroux) au Mans, nous étions restés en wagon *pendant trois jours et quatre nuits !*

Les hommes avaient suffisamment supporté les intempéries de la saison, mais les chevaux avaient beaucoup souffert. L'escadron de chasseurs embarqué avec nous avait perdu le tiers de ses montures et avait dû faire mettre à terre le reste de son effectif qui gagna le Mans, par étapes. La mesure était excellente et sauva les chevaux survivants.

En quittant Châteauneuf, nous étions destinés à l'armée de l'Est mais, en route, nous changeâmes de direction.

Pourquoi !

Deux raisons plausibles ont été données. La première, c'est que la ligne de Bourges à Vierzon était coupée et qu'on ne pouvait passer. La seconde, c'est que Garibaldi était dans l'Est, opérant de concert avec l'armée de Bourbaki, ou mieux, tout à fait séparément,

LE GÉNÉRAL CHANZY ET SON ÉTAT-MAJOR

Chanzy espérait le concours de l'armée reconstituée à Bourges et con-
au général Bourbaki, mais Bourbaki fut, par ordre du gouvernement,
voyé dans l'Est. Le prince Frédéric-Charles, très renseigné sur les déci-
ns de nos hommes d'État, profita de l'isolement du général Chanzy
ur se jeter sur cette armée qui le tenait en échec.

qu'il commandait des francs-tireurs et que la situation devenait étrange et difficile. En effet, on se trouverait dans cette alternative bizarre : mettre Cathelineau sous les ordres de Garibaldi, ou Garibaldi sous les ordres de Cathelineau, ou bien, encore, de laisser à l'un et à l'autre, sa liberté et son indépendance !

Nous inclinons à penser que la seconde raison est la plus sérieuse, bien que la première eût son importance et, à notre avis, le gouvernement de la Défense Nationale a sagement agi en cette circonstance, dans l'intérêt de la discipline et des services à attendre des deux corps francs. Il eût été extraordinaire de voir Garibaldi et Cathelineau, qui s'étaient trouvés face à face à Rome, les armes à la main, se retrouver dans les Vosges, et peut-être avoir recours l'un à l'autre !

Étrange coïncidence de la vie !

Enfin, on était au Mans où l'on nous promettait quelques jours de répit sur lesquels, du reste, nous comptions fort peu, habitués que nous étions à nous tenir prêts à toute éventualité. Et à peine le logement était-il terminé, qu'il fallut repartir. Si jamais il y eut en France une réunion d'hommes à laquelle on pût donner le nom de : *Société du Juif-Errant*, c'est à coup sûr le corps Cathelineau.

A midi, nous abandonnions le Mans pour Montfort où nous passâmes la nuit. Au Mans, nous avons vu des chevaux arabes parqués dans le square de la Cathédrale, se nourrir — si on peut appeler cela se nourrir — des poils de leurs crinières et de leurs queues, après avoir mangé les arbrisseaux et pelé les arbres.

Montfort était le dernier point où des troupes pouvaient séjourner avec quelque sécurité, les extrêmes postes français étant à Connéré, sur la ligne du chemin de fer, à trois kilomètres environ.

Une nouvelle campagne était donc commencée. Notre confiance n'était pas trop ébranlée et l'on espérait toujours ramener la victoire sous nos drapeaux !

Le lendemain, on allait en avant.

A Connéré, nous rencontrâmes des troupes françaises qui nous apprirent que les Prussiens avaient opéré un mouvement de retraite et qu'après avoir ruiné, pillé les villages et les hameaux voisins, ils s'étaient retirés sur la Bazoche et Saint-Calais. Après une courte halte à Connéré, nous continuâmes notre route jusqu'à l'entrée de Vibraye que les éclaireurs ennemis visitaient sans cesse. Ne rencontrant aucune force allemande, il fut décidé qu'on occuperait Vibraye, position désavantageuse pour la défense, mais très importante au point de vue stratégique, car elle commandait les routes de la Ferté-Bernard, Saint-Calais, Montdoubleau et Montmirail.

Du reste, c'était là notre système : occuper successivement les postes abandonnés par l'ennemi, nous rapprocher de lui le plus possible, le tromper par nos reconnaissances nombreuses et répétées et, aussi, le forcer à reculer devant une troupe faible, mais supposée très forte.

La population de Vibraye était abattue, découragée. Les Prussiens avaient tout brisé, pillé, saccagé. Dans une vieille masure, nous trouvâmes soixante-quinze fusils et un sabre cassés. Il ne fallait donc pas compter sur les habitants pour prolonger ou augmenter la résistance.

L'hospice de la ville contenait plusieurs blessés français, et deux Bavarois : tous furent évacués sur le Mans. Sur les indications d'un paysan, nous découvrîmes un fourgon plein de cartouches prussiennes, lequel suivit la même destination.

Nos reconnaissances, envoyées dans toutes les directions, ne signalèrent rien de nouveau. L'ennemi ne se montrait pas.

C'est à Vibraye que, pour la première fois, nous pûmes nous rendre compte par nous-mêmes des ravages accomplis par les Allemands.

A environ deux kilomètres de Vibraye, sur la route de Saint-Calais, se trouvait une coquette maison d'habitation toute neuve, où nous avions notre grand'-garde. Le propriétaire, M. Potier, l'habitait encore, bien qu'elle eût été complètement dévastée. L'officier qui commandait le poste prenait ses repas avec lui, mais fournissait le matériel nécessaire, car les Allemands avaient tout emporté.

Laissons la parole à M. Potier, homme de cœur et d'énergie, qui avait subi les insolences de l'ennemi plutôt que de s'en aller, afin de donner le bon exemple à ses concitoyens.

Messieurs, nous disait-il, c'est vous qui me donnez l'hospitalité chez moi. Les Prussiens m'ont tout pris. Ah ! il est pénible d'assister à un pareil spectacle, sans pouvoir protester ou s'y opposer. Mais que faire contre une armée ? Encore si la garde nationale avait voulu m'écouter et se défendre ! Cela n'eût pas servi à grand'-chose, mais au moins, nous eussions fait notre devoir. Du reste, les Allemands n'auraient pu être plus cruels à notre égard. Quant à moi, ils m'ont dévalisé : Vous le voyez, ils m'ont laissé une assiette, un verre, pour mon usage personnel, et j'ai assisté à l'emballage de ma vaisselle, soigneusement arrangée sur des chariots à ce destinés. Leur organisation est complète, à tous les points de vue. Le vol est un article de leur code militaire !

Et puis, ils sont bêtes et petits, les Prussiens, dans leur façon de procéder. Nos soldats casseront, chaparderont, mais ce ne sera pas avec le raffinement de la préméditation et du sang-froid. Tenez ! voyez la casquette de mon cocher ! Ils ont coupé le dessus de la toile cirée, laissant la carcasse sans couverture ! Comme c'est spirituel ! Et tout cela, sérieusement, avec réflexion !

Ma maison est telle qu'ils me l'ont laissée. Partout ils fouillaient. Je leur offrais les clefs ? Ils refusaient, préférant faire sauter les serrures ! Mes papiers de famille ? Les voilà

sur le parquet, coupés en mille morceaux ! Mes pendules ?
Ils en ont emporté les mouvements ! Mon linge ? Il a suivi
les assiettes, et je n'ai même pas une serviette pour me
laver la figure ? Ces gens-là sont ignobles et d'une saleté
révoltante.

Par exemple, ajoutait M. Potier en souriant malgré lui,
ils m'ont bien surpris au sujet de ma cave que j'avais cru
sauver. Pour cela, j'avais fait faire une seconde cave en
avant du caveau aux vins fins, et recouvrir les deux avec de
la terre, laissant plusieurs barriques de vin tout à fait à
l'entrée. Les premiers jours de l'occupation, tout se passa
bien. Mais les officiers exigeaient du vin vieux et trouvaient
extraordinaire que je n'en eusse pas à leur offrir. Sur ma
réponse négative, ils avaient fini par ne plus réclamer. Un
jour, l'un d'eux considéra avec attention ce maudit plan
que vous voyez contre le mur, plan auquel je n'avais pas
songé. Au bout d'un instant, l'officier se tourna de mon
côté, en me disant :

— Vous avez une autre cave ?

Mais non, vous avez vu celle que j'ai.

— Alors, le plan n'est pas exact, puisque la cave doit aller
jusqu'au mur que voici. Dans tous les cas, nous allons voir.

Il sortit, commanda plusieurs soldats qui, armés de pio-
ches, eurent bientôt découvert ma cachette et mon vin.
Les Prussiens le burent tout et, pour me narguer, ils m'ont
laissé le plan qui me coûte bien cher, allez !

J'avais un piano. Ils ont emporté les cordes sans endom-
mager l'instrument qu'ils ont chargé sur leur chariot, puis,
réflexion faite, ils l'ont remis en place. Sans doute qu'il
était trop encombrant !


Nous n'avions pas encore rencontré l'ennemi. Mais
s'il ne venait pas à nous ou s'il ne se trouvait pas sur

notre chemin, il n'était pas éloigné. A Saint-Calais,
par exemple, des francs-tireurs avaient tiré quelques
coups de fusil sur ses éclaireurs, et les Prussiens
avaient saisi ce prétexte pour exercer contre cette
ville des violences sans nombre et des redevances
considérables en argent. La conduite des Allemands
fut si ignoble, que le général Chanzy protesta dans
une lettre fort digne, adressée au commandant prussien. Voici cette protestation patriotique, datée du
Mans, le 26 décembre 1870 :

Au Commandant prussien, à Vendôme.

J'apprends que des violences inqualifiables ont été exercées par les troupes sous vos ordres sur la population inoffensive de Saint-Calais, malgré les bons traitements pour
vos blessés et vos malades.

Vos officiers ont exigé de l'argent et autorisé le pillage;
c'est un abus de la force qui pèsera sur vos consciences et
que le patriotisme de nos populations saura supporter.
Mais ce que je ne puis admettre, c'est que vous ajoutiez à
cela l'injure, alors que vous savez qu'elle est gratuite.

Vous avez prétendu que nous étions les vaincus. Cela est
faux. Nous vous avons battus et tenus en échec depuis le
4 de ce mois. Vous avez osé traiter de lâches des gens qui
ne pouvaient vous répondre, prétendant qu'ils subissaient
la volonté du gouvernement de la Défense Nationale, les
obligeant à résister, alors qu'ils voulaient la paix et que
vous la leur offriez.

Je proteste, avec le droit que me donne de parler ainsi la
résistance de la France entière et celle que l'armée vous
oppose et que vous n'avez pu vaincre jusqu'ici.

Cette communication a pour but d'affirmer de nouveau ce que cette résistance vous a appris. Nous luttons avec la conscience du droit, et la volonté de triompher.

Quels que soient les sacrifices à faire, nous lutterons à outrance, sans trêve ni merci, parce qu'il s'agit aujourd'hui de combattre, non pas des ennemis loyaux, mais des hordes de dévastateurs qui ne veulent que la ruine et la honte d'une nation qui prétend conserver son honneur, son indépendance et son rang.

A la générosité avec laquelle nous traitons vos prisonniers et vos blessés, vous répondez par l'*insolence*, l'*incendie*, le *pillage*. Je proteste avec indignation, au nom de l'humanité et du droit des gens que vous foulez aux pieds ! (1)

Le général Chanzy perdait son temps en parlant d'honneur à des gens qui ne pouvaient comprendre son langage.

La position de Vibraye était importante mais difficile à garder par une troupe peu nombreuse. La

---

(1) M. de Vézian, ingénieur des ponts et chaussées et attaché au grand quartier général, chargé de porter cette protestation à Vendôme, rentra au Mans, le 28, avec le reçu ci-après, sans toutefois avoir pu voir le commandant des troupes allemandes lui-même :

Deuxième armée,

Reçu une lettre du général Chanzy. Un général prussien ne sachant pas écrire une lettre d'un tel genre, ne saurait y faire une réponse par écrit.

Quartier général à Vendôme, 28 décembre 1870

Le général commandant à Vendôme,

(Illisible).

*La deuxième armée de la Loire,* par le général Chanzy, page 279.

ville est adossée aux bois et à des coteaux très éle-
vés. Il fallait donc se garder fort loin, pour n'être
pas surpris, et une surveillance aussi active occupait beaucoup d'hommes. Il était préférable d'aller
en avant.

C'est ce qui fut décidé.

MONTMIRAIL. — DÉPART PRÉCIPITÉ DU GRAND DUC DE
MECKLEMBOURG QUI LAISSE SA CARTE DE VISITE. —
M^me DE CATHELINEAU. — CONDUITE DE TROIS HUSSARDS
MARRONS.


M. de Cathelineau établit son quartier général à
Montmirail. Les francs-tireurs y furent cantonnés, et
les mobiles restèrent à Meilleraye, petit village situé à deux kilomètres, sur la même ligne.

Le château de Montmirail est très élevé, partant
très facile à défendre. Le point était donc parfaitement choisi pour surveiller le pays. En y établissant
son quartier général, M. de Cathelineau succédait au
duc de Mecklembourg qui y avait séjourné quelque
temps avant notre arrivée.

On a souvent parlé de la dépravation des soldats
allemands, mais si les soldats sont dépravés, quoi
de surprenant ? Leurs chefs ne brillent pas par leur
éducation, non plus ! *Ab uno disce omnes*, dit un
proverbe latin. Eh ! bien, si tous les princes allemands se conduisent sur les marches du trône comme

le duc de Mecklembourg se conduisit dans la grande salle du château de Montmirail, ce n'est pas au delà du Rhin qu'il faudra aller prendre des leçons de délicatesse et de savoir-vivre.

Le duc de Mecklembourg affichait un grand mépris pour nos jeunes troupes levées à la hâte.

— Pourquoi ne pas faire la paix, disait-il, on me force à marcher dans le sang des Français !

Il arriva que ces mauvaises troupes le forcèrent d'abandonner précipitamment le château de Montmirail (Sarthe), dans lequel il avait établi son quartier général. Furieux de ce contre-temps, S. A. Mgr le grand duc de Mecklembourg, général au service de la Prusse, déposa au milieu du grand salon du château, une trace fumante de son royal passage et d'une émotion fuyante !

Nos jeunes soldats, pour ne pas marcher dans ce... sang illustre, relevèrent la sentinelle laissée là comme un vestige de la noblesse allemande !

On se rappelle que M<sup>me</sup> de Cathelineau avait été faite prisonnière, avec son ambulance, dans la forêt d'Orléans, mais qu'elle avait sauvé notre colonne en la faisant avertir à temps. C'est à Meilleraye qu'elle vint nous rejoindre.

Avec quelle joie on la reçut ! On aimait, on admirait cette femme dévouée à son pays, qui bravait les

AMBULANCE DE MADAME DE CATHELINEAU

fatigues les plus dures pour faire son triple devoir de Française, d'épouse et de mère !

Nous avons retrouvé dans le *Corps Cathelineau pendant la guerre* le récit émouvant, précis, circonstancié, fait par M^{me} de Cathelineau à ses enfants. Combien il est attachant, ce récit ! Il relate toutes les péripéties d'une situation qui ne manqua ni de gravité, ni de danger, et il nous fait assister aux manœuvres habiles, aux roueries patriotiques d'une héroïque femme qui, au milieu de l'armée prussienne, avec ses malades et ceux de l'ennemi, cherche à se renseigner, pour renseigner les autres et les sauver d'un désastre et, aussi, pour se soustraire elle-même aux serres du vainqueur. Par miracle, elle avait échappé, saine et sauve, et parmi les malades qu'elle nous ramenait, se trouvait le petit-fils du maréchal Bugeaud, Richard Feray qui s'était engagé le jour même où il avait eu dix-huit ans.

Le récit de M^{me} de Cathelineau est comme le journal, au jour le jour, presque heure par heure, de ses tribulations personnelles et, surtout, l'historique de notre ambulance au milieu de l'armée prussienne.

Le pays était couvert de neige, la température très froide, et l'hiver, qui augmentait chaque jour, ajoutait, par ses rigueurs, aux horreurs de la guerre. L'ennemi s'était retiré, mais il infestait encore toute la contrée, se montrant sans cesse dans les environs pour effrayer les populations et faire des réquisitions. Notre présence à Meilleraye dut singulièrement le gêner : elle mit un terme à ses parades journalières.

Quelques jours avant notre arrivée à Meilleraye, trois hussards marrons étaient venus de la Bazoche, village situé à peu de distance de là, et s'étaient introduits dans la demeure d'un brave paysan absent. Les trois hussards songent aussitôt à mettre en pratique le programme allemand, la femme du cultivateur étant seule chez elle. Deux volaient et pillaient, pendant que le troisième cherchait à satisfaire sa bestialité et à porter, par la violence, le déshonneur dans la famille.

Mais ces barbares comptaient sans leur hôte. Bientôt le paysan accourut, attiré par les cris de sa femme, et, s'armant du sabre de l'un des disciples de Bismarck, il se mit à frapper à coups redoublés sur ses ennemis qu'il venait de surprendre. Il frappa tant et si bien, que deux hussards restèrent sur le carreau, et que le troisième s'enfuit laissant un bras dans la maison. Ses camarades furent moins heureux que lui : l'un mourut sur-le-champ, l'autre eut la tête en capilotade. Mais l'Allemand a la tête dure, celui-ci surtout. Survécut-il à ses blessures ? Nous l'ignorons, car les Prussiens, dans le retour offensif qu'ils firent plus tard, le retrouvèrent à notre ambulance de Montmirail. Quant au fuyard manchot, il rejoignit

son camp et raconta que les paysans les avaient atti-
rés dans un guet-apens. On sait comment les Allemands se vengent en pareille circonstance. Leurs
éclaireurs arrivèrent à la Verrerie, annonçant pour le
lendemain une forte colonne qui viendrait réquisitionner le pays et lever une contribution de guerre
considérable.

Averti de cela, Cathelineau mit une compagnie de
francs-tireurs à la Verrerie et, de plus, il fut décidé
que nous nous porterions au-devant de la colonne
ennemie forte, disait-on, d'environ six cents hommes,
infanterie, artillerie et cavalerie.

La joie est au camp : on compte sur un coup de
main. Les Prussiens ignorent notre présence à Meilleraye et tomberont dans le piège qu'on va leur ten-
dre ! Toutes les dispositions sont prises. On partira
à trois heures du matin pour arriver assez tôt sur le
terrain et s'embusquer sans bruit à l'endroit choisi
d'avance. Pour éviter toute indiscrétion, les postes
avaient reçu l'ordre de ne laisser sortir personne en
dehors des lignes.

A l'heure dite, le bataillon est sur pied. On se presse
joyeusement les mains, on échange ses idées : on a
confiance.

— Quel bon coup nous allons faire, disent les moblots ! Il en restera bien quelques-uns des nôtres,
mais tant pis ! Nous rapporterons les casques de

ces pendulards qui ne nous savent pas là !... etc...

Mais les trois éclaireurs à cheval qui devaient éclairer notre marche, se firent attendre et retardèrent notre départ. On espérait qu'ils rejoindraient en route et on partit. Ils ne vinrent pas. Leur absence fit avorter notre plan.

On marchait dans le plus grand silence. Vers cinq heures du matin, on arriva à la hauteur de la Verrerie. La nuit était sombre et, malgré la neige, on ne peut se rendre compte de ce qui se passe devant soi. Un de nos officiers croit apercevoir quelque chose de noir, sur la route, et fait part de sa remarque.

— C'est notre avant-garde, répond le commandant, et le bataillon continue sa marche.

La masse noire se rapproche : on entend même un bruit confus de voix.

— C'est notre avant-garde qui revient, dit-on encore, c'est ici que nous devons nous embusquer.

En effet, on était arrivés au bout de la côte mais, au même instant, on apercevait, à quelques pas en avant, la masse noire. De chaque côté on s'arrête. Est-ce notre avant-garde ? Est-ce une reconnaissance envoyée par le général Rousseau ?

— Bast ! dit le commandant, je vais le savoir.

Et il s'avance seul sur la route, criant :

— Qui vive ?

Plusieurs coups de feu répondirent sans l'atteindre.

— Ce sont les Prussiens, feu partout ! commande le père Marty.

Nos deux colonnes s'étaient rencontrées, nez à nez, au sommet de la côte. La fusillade commença. Des deux côtés, on s'était surpris. Les Prussiens tentèrent une charge de cavalerie sur la route, mais sans succès. Le feu dura un quart d'heure et chacun se retira pour se rallier, car cette double surprise avait jeté quelque désordre dans les deux camps. Cependant les mobiles, il faut le dire à leur louange, eurent beaucoup de sang-froid et, bientôt, se remirent en ligne, forçant l'ennemi à une retraite précipitée, retraite qu'on ne put parvenir à couper, car il divisa sa colonnes en plusieurs parties, pour échapper. Les Allemands nous croyaient plus nombreux que nous n'étions réellement : les deux partis avaient des forces à peu près équivalentes.

Cette affaire, qui aurait pu être l'un des plus beaux faits d'armes de toute la guerre, avait complètement échoué, les éclaireurs à cheval ayant manqué au rendez-vous !

Nos pertes furent : deux soldats et un officier blessés, un soldat tué. Les Prussiens subirent des pertes relativement plus sérieuses, car ils furent obligés de réquisitionner des chariots et des voitures pour emmener leurs morts et leurs blessés. Le maire d'une petite commune voisine nous assura, dans la journée, que les Allemands avaient eu huit morts et seize blessés. La neige de la route était rouge de sang, en beaucoup d'endroits. Un superbe cheval était resté sur le champ de bataille : il avait reçu neuf balles dans le corps et, chose extraordinaire, l'officier qui le montait n'avait pas été atteint. Seulement, entraîné par le cheval dans sa chute, il avait eu la cuisse cassée.

Quant à notre camarade, le lieutenant de Beaumont, une balle lui avait traversé les deux cuisses et, malgré les soins les plus immédiats et les plus assidus, on ne put le sauver. Il mourait le 19 janvier des suites de sa blessure, à l'ambulance de Montmirail.

Le jour était venu, et comme on craignait un retour offensif des Prussiens, nous restâmes toute la journée sur le lieu du combat, afin de parer à toute éventualité et de rassurer les habitants du pays qui, bientôt, accoururent nous apporter des renseignements. Les chasseurs à cheval, après l'affaire, poussèrent des reconnaissances dans toutes les directions et s'emparèrent de chariots chargés de grains et d'avoine que l'ennemi emmenait avec lui. Le détachement qui allait à Saint-Avit rencontra la queue de la colonne prussienne, la chargea intrépidement et ramena deux chariots chargés de grains, vingt porcs, quatorze vaches ; il s'empara aussi de la caisse de la colonne contenant huit mille francs en espèces et en billets de banque. Les Allemands, quoique bien supérieurs en nombre, n'avaient fait aucune résistance, supposant, sans doute, avoir affaire à l'avant-garde de notre colonne.

Nous trouvâmes encore trois chevaux gisant dans la forêt. Chacun y tailla son déjeuner qu'il fit cuire en plein air. Les chevaux étaient gras, pas trop vieux : c'est dire qu'on les trouva excellents.

Une fois tranquilles, nous pûmes nous rendre un compte exact de ce qu'aurait pu être, s'il avait réussi, le coup que nous avions tenté. La position où nous devions nous embusquer était formidable.

Qu'on se figure une route traversant une forêt. Sur le côté de cette route, un terrain défoncé et en contre-bas, d'une largeur de cinquante mètres environ et dominé par un talus d'un mètre vingt de hauteur, barrant l'accès de la forêt. Arrivés assez tôt, nous nous serions rangés le long de ce talus, attendant que les Prussiens fussent bien en face de nous, ce qui était possible et facile, puisqu'ils ne nous savaient pas dans le pays. Du reste, nous en avons la preuve dans la rencontre fortuite de nos deux têtes de colonne. Notre avant-garde s'était trompée de direction : au lieu d'aller tout droit, elle avait tourné à droite et était allée à la Verrerie. Fatale erreur ! Mais nous, au moins, nous nous étions couverts, tandis qu'eux n'avaient aucune force précédant leur colonne ! Surpris et fusillés à bout portant, pas un n'aurait échappé au massacre, tandis que, de notre côté, nous agissions presque à coup sûr, garantis que nous aurions été par le talus qu'il était difficile de gravir, surtout après une décharge qui eût semé la mort et le désordre.

Hélas ! il fallut se contenter de ce contre-temps et pleurer nos camarades.

Le reste de la journée se passa sans incident, pour nous, et le soir nous regagnâmes nos cantonnements de Meilleraye. Le 31, nos reconnaissances envoyées à la Chapelle-Guillaume et dans d'autres directions, nous apprirent que l'ennemi se retirait sur Chartres.

L'année 1870 était terminée.

Que nous réservait celle qui allait commencer ?

Nul n'aurait pu le dire, mais tout le monde espérait qu'elle serait moins désastreuse et qu'elle raménerait la victoire sous nos drapeaux. Combien, aussi, il était pénible d'être si éloigné de sa famille, à cette époque de l'année où les enfants reviennent sous le toit paternel, où l'on se réunit ! On ne faisait pas de sensiblerie, mais on regrettait la famille absente !

# III

MEILLERAYE. — LE PRISONNIER DE LA VERRERIE. — COURSES DE VACHE EN PLEIN VENT. — RAVITAILLE- MENT DU PAIN. — MOUVEMENTS PRUSSIENS. — UNE ALERTE. — RETRAITE SUR VIBRAYE.

Le 1<sup>er</sup> janvier 1871 se passa dans le repos le plus absolu. Il semblait que, de part et d'autre, on eût consenti tacitement à une trêve, comme pour mieux penser aux siens.

Les reconnaissances continuaient sans apporter du nouveau, et Meilleraye était pour nous un village où nous avions établi notre quartier d'hiver, tout près de l'ennemi qui nous laissait maintenant fort tran- quilles. Il fallait l'aller chercher quand on le voulait voir. Encore fallait-il pousser jusqu'à son camp pour l'apercevoir.

Cependant, ce calme apparent ne nous trompait pas, initiés que nous étions aux habitudes des Allemands. On savait, à n'en pas douter, que lorsque les Prus- siens restaient aussi paisibles, de grands événements se préparaient.

Aussi notre surveillance était-elle très active mais son résultat à peu près négatif. Une de nos compagnies (1) ramena, le 3, un Prussien blessé qu'elle découvrit à la Bazoche. C'était le hussard marron dont nous avons raconté l'histoire et qui avait été fortement blessé par le paysan de la Verrerie. Il avait encore la tête couverte de bandes et pouvait difficilement ouvrir la bouche qu'un coup de sabre lui avait coupée, en travers.

En rentrant de cette reconnaissance, il y eut un incident assez étrange, mais qui aurait pu avoir des suites fâcheuses. Des francs-tireurs conduisaient à Meilleraye les vaches dont on s'était emparé quelques jours auparavant. L'une d'elles fut prise d'une subite fureur contre l'un des hommes qui, pour la faire marcher, l'avait légèrement piquée avec sa baïonnette. Le franc-tireur évita l'animal qui déboucha sur la route au moment où la compagnie de mobiles arrivait. En vain, on essaya de l'arrêter. Déjà deux hommes avaient été renversés, un troisième avait brisé son fusil sur la tête de la bête dont la fureur augmentait toujours. Il ne restait plus qu'un système : l'abattre. Mais encore fallait-il attendre que la vache eût dépassé la

---

(1) La 4ᵉ, et j'eus toutes les peines du monde à empêcher les mobiles de lui faire un mauvais parti. Pour un peu, ils m'en auraient voulu de lui avoir fait donner un verre d'eau ! C'est que sa conduite à la Verrerie les révoltait !

compagnie, de façon à la tuer raide et à n'atteindre personne. Cette précaution ne laissait pas d'être assez dangereuse, car l'animal fuyait à toutes jambes. Enfin, quelques chasseurs à cheval, qui arrivaient en sens contraire, purent la faire rétrograder, et l'un d'eux, mettant pied à terre, lui logea une balle de chassepot dans l'oreille.

On venait d'assister à une course de vache et le chasseur à cheval, de picador qu'il aurait pu être, devint une adroite « spada ». Un de nos hommes fut assez contusionné pour ne pas faire de service pendant deux ou trois jours.

L'ennemi se montrait peu, ou pas du tout, et nous aurions pu rester inactifs si nous n'avions voulu essayer de pénétrer ses intentions. Ces courses continuelles maintenaient les moblots en haleine et, de plus, avaient un but utile et pratique. On avait appris qu'un boulanger de la Chapelle-Guillaume avait en magasin une grande quantité de farine et que, parfois, les Prussiens venaient s'y ravitailler. Comme de notre côté le blé devenait rare, le pain du bataillon fut manutentionné et, chaque jour, une compagnie allait le chercher chez le susdit boulanger à qui ces fréquentes visites avaient enlevé la clientèle des Allemands.

Les mobiles étaient enchantés de ce va-et-vient, espérant, un jour ou l'autre, rencontrer la corvée prussienne. Mais chacun se tenait sur ses gardes.

Cependant, la rencontre eut lieu. Mais les Prussiens repartaient quand arrivaient les nôtres qui se mirent à leur poursuite. Un uhlan fut tué sur le coup, restant sur le terrain pour mieux garder les provisions abandonnées par les siens. Ce jour-là, notre bataillons vécut aux frais du roi de Prusse, et la lance du uhlan servit de trophée.

Fréquemment, on entendait le canon dans la direction de Vendôme, de la Ferté-Bernard, de Nogent-le-Rotrou. De plus, nos éclaireurs avaient annoncé que l'armée prussienne faisait d'importants mouvements, menaçant de nous enfermer dans un cercle de fer dont nous sortirions difficilement, si nous n'y prenions garde. D'un autre côté, Cathelineau avait reçu du quartier général des renseignements dans le même sens. Aussi prit-il des mesures pour parer aux éventualités menaçantes qui se préparaient. Et, le 7, on envoyait deux compagnies s'embusquer dans un bois, sur le bord de la route de la Bazoche, afin de surprendre les uhlans et de se rendre compte de la marche de l'ennemi. A peine arrivées à destination, ces compagnies apprirent que l'armée prussienne était en plein mouvement et qu'une colonne de dix mille hommes environ, passait à dix-huit cents mètres de là, se rendant de Châteaudun à Nogent-le-Rotrou. Les deux compagnies n'en restèrent pas moins à leur poste, prenant des dispositions pour résister. Mais elles ne furent pas inquiétées par l'ennemi qui, changeant de direction, se porta sur la Ferté-Bernard au lieu de gagner Nogent. Cette manœuvre avait, sans doute, pour but de couper la retraite du général Rousseau qui se trouvait dans les environs de Nogent.

Quand nos deux compagnies rentrèrent à Meilleraye, mobiles et francs-tireurs étaient sous les armes. Un corps nombreux de cavalerie s'approchait, menaçant Montmirail. Était-ce une simple démonstration, ou voulait-il s'assurer si le pays était suffisamment occupé ? On ne saurait le dire, mais il n'arriva pas à portée de nos armes. Cela fut fâcheux, car la nuit commençait à venir et la troupe était si bien disposée, que nous aurions eu un fort joli succès, d'autant plus que l'ennemi ne connaissait pas notre force. Nous avions des obusiers de montagne qui auraient vite balayé la route.

Mais, de même qu'on attendait l'ennemi de pied ferme, de même il était imprudent de rester davantage à Meilleraye et Montmirail, car notre armée se retirait avant l'armée prussienne et, fatalement, nous eussions été cernés et pris. Déjà, même, il était trop tard quand le corps Cathelineau se replia sur Vibraye, dans la nuit du 7 au 8, vers deux heures du matin. Fort heureusement, les Allemands n'osèrent pas s'aventurer, la nuit, dans un pays qu'ils supposaient sérieusement occupé. Eh ! bien, comme toujours, quand ils font un mouvement général, ils n'abandonnent rien au hasard, et ils ne voulaient pas trop faire avancer leur centre, dans la crainte que leurs ailes, par suite d'une résistance prolongée, ne pussent arriver à l'heure dite sur les positions qu'on leur avait fixées.

Le général Rousseau n'avait pu tenir et les Prussiens occupaient Saint-Calais. Les affaires du Mans débutaient mal. Comment finiraient-elles ? On avait confiance, on espérait que le général Chanzy qui avait eu le temps d'organiser la défense du Mans et qui attendait les Allemands, était sûr de les vaincre, et que ceux-ci tomberaient dans le piège qu'il leur avait tendu.

Cette question avait été agitée :

Valait-il mieux aller au-devant des Prussiens ou bien était-il préférable de les attendre ?

Un journal du Mans n'avait pas craint d'écrire :

Il faut que le général Chanzy soit bien sûr de vaincre les Prussiens, puisqu'il les attend autour du Mans. Si, malheureusement, il n'en était pas ainsi, l'armée française serait à la veille d'un nouveau désastre, d'un nouveau Sedan, car il lui serait impossible de s'échapper. Le général a dû prévoir cette éventualité, *sinon il commet la plus grande faute qu'un général puisse commettre.*

Le général Chanzy n'avait pas quitté le Mans, aussi avions-nous foi en sa décision.

En arrivant à Vibraye, à six heures du matin, nous

primes nos précautions en prévision d'une attaque. Le pont fut barricadé ; une grand'garde fut placée sur la route de Montmirail ; deux autres occupèrent, l'une la maison Potier sur la route de Saint-Calais, l'autre la route de la Ferté. Le reste de la troupe bivouaqua dans le village.

Jusque-là, notre situation était bonne, car on ne signalait que l'arrivée d'une colonne forte d'environ six cents hommes. Notre arrière-garde nous rejoignit vers cinq heures, annonçant qu'elle était suivie par des coureurs ennemis. Avant le jour, l'avant-poste du pont avait eu deux alertes sans importance.

A neuf heures, pendant que nos hommes campés sur la place, mangeaient la soupe et que les francs-tireurs de Cathelineau faisaient la prière, on entendit plusieurs coups de fusil en avant du pont de Vibraye. On prit les armes et, bientôt, on vit un groupe de soldats venir vers nous. C'étaient des hommes portant une sentinelle qu'un cavalier prussien venait de tuer dans des circonstances odieuses.

Un jeune franc-tireur vendéen était en sentinelle avancée, lorsqu'un cavalier arriva sur lui. Saisi de frayeur, cette sentinelle jette à terre son fusil, se met à genoux et implore la clémence de son ennemi qui l'emmène. Mais, au même instant, le poste sort et tire sur l'éclaireur allemand qui, plutôt que de lâcher sa prise, brûle la cervelle, à bout portant, de ce pauvre petit volontaire qui avait à peine quinze ans!

M. de Cathelineau blâma le chef de poste qui avait mis, si en avant, ce jeune soldat, qui avait sollicité le périlleux honneur d'être le plus près de l'ennemi. Chacun voulait venger ce camarade. L'alerte était passée. Cependant, vers dix heures, notre grand'garde qui occupait la route de Meilleraye, menacée par une force considérable, se replia sur le bataillon.

Les reconnaissances envoyées sur la Ferté et Saint-Calais n'avaient pas rencontré l'ennemi. Pensant n'avoir affaire qu'à une colonne de cinq ou six cents hommes, Cathelineau laissa le commandant Marty libre de ses actions, pendant que lui-même se retirait sur le Mans.

— C'est ma bataille, disait le père Marty; que les francs-tireurs s'en aillent avec leurs *pétards* (six obusiers de montagne bien encombrants) et si les Prussiens ne sont que mille ou douze cents, je pense que nous les arrêterons!

Et il prit ses dispositions de combat.

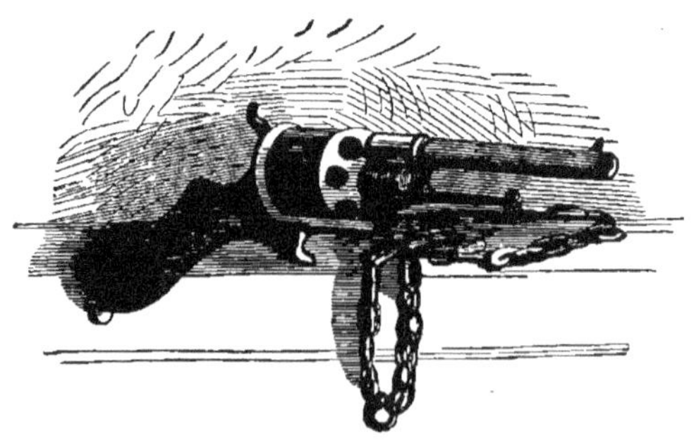

IV



— Faites comme vous voudrez, commandant, avait
dit Cathelineau, et il s'était replié sur le Mans avec
ses francs-tireurs.

Le père Marty avait donc raison de dire: c'est ma
bataille ! Ce ne fut pas une bataille, mais ce fut un
important combat qui se livra à Vibraye.

Déjà, une compagnie gardait le pont de Vibraye;
trois autres occupaient le sommet du coteau de César et, enfin, les autres compagnies resteraient sur
la route, au milieu de la forêt, pour surveiller les routes de la Ferté et de Saint-Calais et, aussi, porter
secours aux compagnies engagées ou protéger leur
retraite.

Un feu vif et nourri était déjà commencé entre les mobiles défendant le pont et les Prussiens arrivant par la route de Meilleraye. Les feux de pelotons se succédaient rapidement, régulièrement, et faisaient bien augurer du résultat. En même temps, trois compagnies grimpaient, au pas gymnastique, sur le coteau de César, après avoir passé la Braye sur des passerelles en planches ou sur la glace, en face la maison Potier.

M. Potier nous accompagna jusque sur le bord de la rivière et causait avec nous, pendant que les moblots traversaient. Ce brave monsieur avait les larmes aux yeux : on se rappelle de quelle façon les Prussiens l'avaient traité. Au moment de nous séparer, il nous prit la main avec émotion :

— C'est donc toujours ici que cela se passe, dit-il? Embrassons-nous, lieutenant, et bonne chance !

Les compagnies montaient toujours. Le feu, du côté du pont, cessait par intervalle pour reprendre avec plus de violence. Puis, le silence se fit au moment où nos hommes couronnèrent le plateau, apercevant de l'autre côté, dans la plaine, les Prussiens qui s'avançaient de toutes parts, incendiant tout sur leur passage. Des fermes, s'élevaient d'immenses colonnes de fumée au milieu desquelles les flammes jetaient une lueur sinistre.

— Les brigands, s'écriaient les mobiles avec une

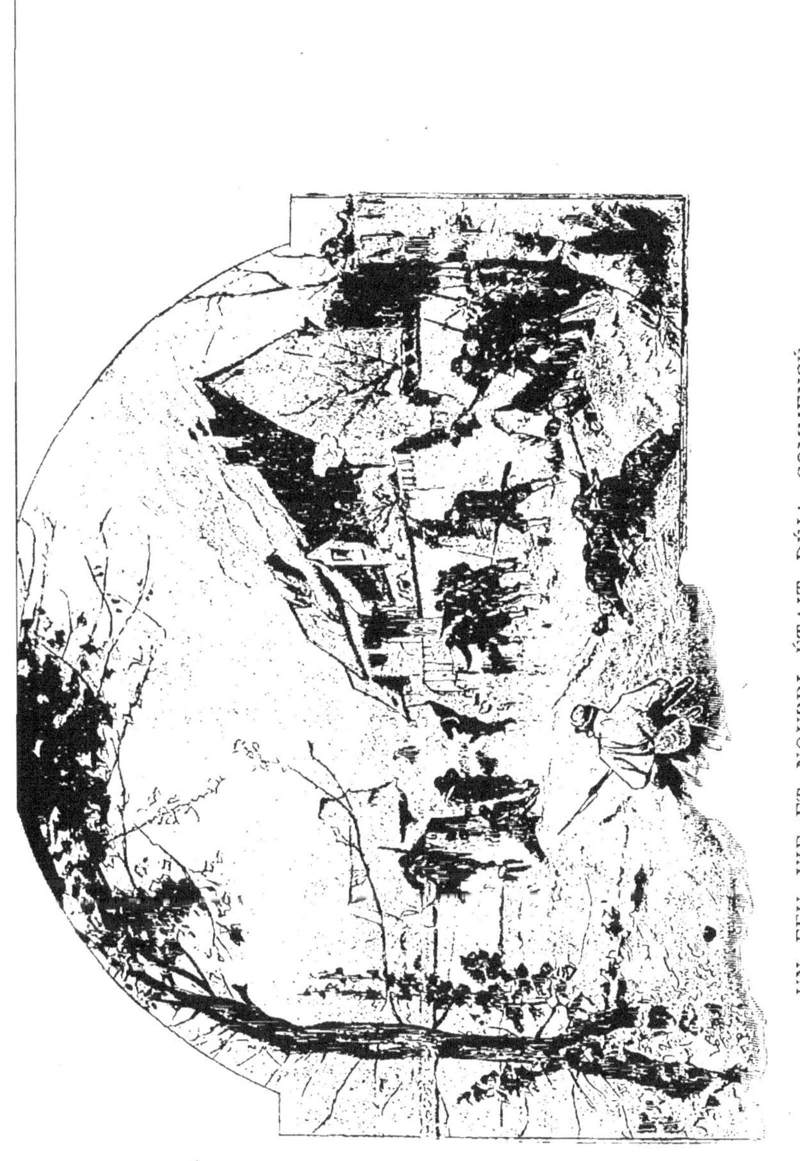

UN FEU VIF ET NOURRI ÉTAIT DÉJA COMMENCÉ

indignation mêlée de tristesse! Et ils préparaient leurs fusils et leurs munitions !

Que se passait-il au pont? Les Prussiens battaient-ils en retraite, ou bien les nôtres se retiraient-ils?

L'affaire avait été très chaude. Cathelineau, à l'arrière du pont, avait envoyé, pour voir ce qui se passait de l'autre côté de la rivière, l'éclaireur Dufour qui ne revenait pas. Le commandant Puységur, le père Sanglier, s'écria :

— Messieurs, un de vous, pour aller de l'autre côté !

Le silence régnait. Cathelineau se retourna :

— Allons, messieurs, fit-il !

Le jeune Mestayer s'avança, disant simplement :

— Moi, mon général !

Et le gamin de Paris, au lieu de partir en avant, sur le pont, vint en arrière de la petite troupe de l'état-major qui était là. Le commandant Puységur tonna :

— Mais ce n'est pas de ce côté-là !

— Je le sais bien, répartit Mestayer, mais je ne veux pas aller au pas !

Il avait pris son élan et traversa le pont, ventre à terre. Il put aller assez loin et s'apercevoir que Vibraye était tourné. Effrayé du mouvement enveloppant formé par les Prussiens, il reprit le même chemin, le plus dangereux, pour nous avertir. Et il repassa le pont encore plus vite que la première fois. Ce fut miracle qu'il échappât à la grêle de balles qui balayait tout sur le pont. Il se tira indemne de cette chevauchée : son cheval, seul, fut légèrement touché.

Les mobiles avaient si bien défendu le pont, que l'ennemi avait dû renoncer à en forcer le passage, mais, de leur côté, ils furent obligés de battre en retraite pour éviter d'être tournés par la colonne allemande venant de la Ferté. Quant aux trois compagnies du plateau de César, elles engagèrent le feu dès que les Prussiens furent à portée.

La fusillade était vive dans les deux camps. Les moblots, bien postés en tirailleurs dans les chemins et derrière les haies faisaient du mal à l'ennemi qui ne pouvait les atteindre. Le combat était violent. Les Prussiens avançaient toujours, et on allait en arriver à la baïonnette, lorsque notre commandant sonna la retraite. Ce signal fut maudit : les hommes obéirent à regret.

C'est que nous ne savions pas que notre situation fût si critique. Nous ne savions pas qu'une colonne prussienne essayait de nous tourner, pour nous rejeter sur le faubourg de Vibraye et nous prendre entre deux feux. La journée était donc perdue et le bataillon gravement compromis. Il fallait néanmoins faire bonne contenance et imposer à l'ennemi, si cela était possible.

La retraite commença, protégée par des compagnies de réserve restées sur la route, dans la forêt. Leur feu passait sur nos têtes, atteignant les Prussiens qui devinrent plus circonspects et ralentirent leur marche.

En bas du coteau, il fallut traverser la Braye, cette rivière sur laquelle on avait passé deux heures auparavant. Mais les passerelles étaient envahies et beaucoup d'hommes, dans leur précipitation, tombèrent sur la glace qu'ils rompirent, et disparurent sous l'eau. Précipitation excusable, car les mobiles qui battaient en retraite étaient exposés, sans défense possible, au feu de l'ennemi caché derrière les haies.

Les Prussiens étaient à environ trois cents mètres, à l'abri; nos soldats étaient à découvert, dans un pré, ne pouvant riposter à un adversaire invisible qui, fort heureusement, tirait très mal. Si les Allemands avaient eu un tir passable, nos trois compagnies eussent été détruites, tant la distance était faible et leur situation mauvaise.

Nous citerons ici un acte de courage, inconscient peut-être, mais qui a vivement frappé tous ceux qui en furent témoins. Les mobiles, après être descendus du coteau, se trouvèrent sur le bord de la rivière à l'endroit où il n'y avait pas de passerelle, et c'est sur la glace qu'il fallut chercher un passage. Un petit paysan, d'une douzaine d'années, était sur l'autre rive, dans le pré, exposé aux balles et montrant aux moblots les endroits où la glace était la plus forte et résisterait le mieux. Plus on lui criait de s'en aller, de se coucher pour éviter les projectiles, plus il allait et venait et prononçait des mots énergiques contre ceux qui nous tiraient dessus.

Sans doute, cet enfant ne comprenait pas tout le danger qu'il courait, mais il n'en faut pas moins admirer sa conduite. Il a sauvé la vie à bien des gens, en leur montrant des passages qui leur permettaient d'échapper aux Prussiens. Est-il arrivé malheur à ce courageux petit paysan? Nous souhaitons que non, de tout cœur, et un jour viendra où, plus grand, plus à même de se rendre compte de sa conduite, il se souviendra avec un certain orgueil de la journée du 8 janvier ! Et nous voulons rappeler aussi sa réponse.

— Va-t'en, lui criait-on, tu vas te faire tuer, tu n'as rien à faire ici, sauve-toi !

Et lui, simplement, dit :

— Vous y êtes bien, vous !

S'il est des souvenirs qui restent, il y a des émotions qui ne s'effacent pas. Un mobile fut frappé à mort, près de nous. Une balle l'avait atteint à la tempe. La dernière pensée de ce brave campagnard fut pour sa mère. Il leva les bras au-dessus de sa tête, laissa tomber son fusil, et s'étendit tout de son long sur le pré, s'écriant en son langage usuel du pays natal :

— Paoubro maï ! (pauvre mère !)

Ce furent ses dernières paroles : il était mort !

Jamais nous n'oublierons l'émotion que nous cau-
sèrent ces deux mots prononcés par ce brave fils.
Cette émotion fut de courte durée, mais combien elle
fut vive ! C'est dans ces moments que nous voudrions
voir ceux qui font étalage de scepticisme ! Et quelle
étrange coïncidence, aussi ! Le soir même, le vague-
mestre appelait le pauvre Bonneau pour lui remettre
une lettre et un mandat-poste. La mère s'était privée
pour son fils, contente d'alléger les fatigues de la
guerre par un peu de bien-être. Hélas ! ce fils n'avait
pu recevoir les vœux que sa mère lui envoyait, pour
la nouvelle année, pour sa vie, pour sa jeunesse, pour
le retour !... Le jour même, Bonneau tombait au champ
d'honneur !

Petit à petit, on avait traversé cette nouvelle Bé-
rézina, sous une pluie de balles, car les Prussiens,
devenus plus nombreux, augmentaient singulièrement
leur tir. Les projectiles sifflaient et passaient sur nos
têtes, sans grand dommage pour nous.

Enfin, la Braie est franchie et nous gagnons la forêt où les Allemands n'osent pas s'engager à notre
suite. Les bois ne leur disent rien qui vaille ! Et puis,
ils nous croyaient beaucoup plus nombreux : ils l'ont
avoué plus tard. Ce qui les surprit, également, c'est
qu'une poignée d'hommes leur ait fait tant de mal.
On ne saurait, du reste, sans forfanterie, vu leur nom-

bre, trouver d'autres raisons pour justifier leur inaction après l'affaire.

Ce jour-là, les Prussiens manœuvrèrent à l'opposé de leurs habitudes. Leur colonne du centre avait trop avancé et les deux colonnes des ailes n'étaient pas encore en ligne, lorsqu'ils avaient tenté de nous cerner. Quoi qu'il en soit, le combat de Vibraye est tout à l'honneur de ceux qui y ont pris part.

En effet, quatre compagnies de mobiles — soit environ quatre cent cinquante hommes — prirent une part effective à ce combat et luttèrent pendant deux heures contre une colonne ennemie forte de six mille hommes, laquelle n'a avancé que lorsque ses deux ailes, d'une force équivalente, débouchaient par les routes de la Ferté-Bernard et de Saint-Calais. On a le droit d'être fier de ce combat qui fut un glorieux insuccès !

Nous avons battu en retraite devant 18.000 Allemands, et nous n'avons même pas été poursuivis ! C'est là une constatation faite sans regret, car le bataillon de la Dordogne eût péri tout entier. Du reste, le bruit en courut et toujours de la même façon. Un franc-tireur, prétendant avoir assisté à ce combat, assurait que le bataillon avait été détruit. Il affirmait, même, que tout à côté de lui, un boulet nous avait coupé en deux. Et voici le joyeux colloque qu'il eut avec un de nos parents, en Dordogne :

— Vous faites partie des francs-tireurs de Cathelineau, lui demandait-on ?

— Oui !

— Connaissez-vous le lieutenant Gay?

— Parfaitement. Il a été coupé en deux par un obus, à côté de moi !

A ce propos, je citerai une anecdote assez originale. Avant la guerre, habitant Bordeaux, nous avions formé un cercle de jeunes gens où chacun agissait selon ses aptitudes. Les uns faisaient de la musique, les autres récitaient des monologues : j'étais le journaliste de la troupe qui avait créé un petit journal hebdomadaire, illustré par l'un des nôtres. En août 1870, le cercle se dispersa, chacun courant à son devoir. La campagne terminée, je retournai à Bordeaux, et ma première visite fut pour mon ami ·Roustaing, président de notre cénacle. Il faillit avoir une attaque.

— Quoi ! vous n'êtes donc pas mort ?

On s'embrassa, et Roustaing courut au casier contenant les archives du cercle. Et, brandissant un papier, il dit :

— Nous vous avons pleuré et enterré, mon cher Gay. On avait annoncé votre mort, nous nous sommes réunis, et voici votre oraison funèbre !

Je lus le papier qui chantait les vertus du camarade tombé au champ d'honneur !

Comme Charles-Quint, j'assistais à mes obsèques!

Ces morts ne sont pas dangereuses, et il n'est pas désagréable d'en pouvoir parler en toute santé et en toute liberté d'esprit.

Quand on fit l'appel, on constata l'absence de beaucoup de nos camarades. Trente hommes tués ou blessés étaient restés sur le champ de bataille; d'autres s'étaient noyés ou avaient disparu. Tout compte fait, on arrivait au chiffre de soixante-quinze! Le sergent Brousse avait reçu une balle explosible en pleine poitrine, sur le pont de Vibraye. Le sergent-major Lavy était blessé grièvement et mourut de sa blessure, etc...

Les Prussiens avaient eu beaucoup plus de mal. Ils entrèrent dans Vibraye, furieux de la résistance qu'on leur avait opposée, et menaçant les habitants de toutes les rigueurs de la guerre. Un de nos moblots qui réussit à nous rejoindre le jour même, à l'aide d'un déguisement, nous dit avoir compté sous la halle de Vibraye, aussitôt l'affaire terminée, quatre-vingt-seize cadavres ennemis. D'après ce chiffre, on peut facilement supposer que les Allemands avaient eu plus de deux cents hommes hors de combat.

Nous avions eu affaire au corps d'armée du duc de Mecklembourg, ce digne et propre chef dont on se rappelle la conduite à Montmirail, ce même duc qui prétendait qu'on envoyait les Français à la boucherie et qu'il marchait dans le sang. Il dut s'apercevoir, ce jour-là, que bon nombre des siens avaient souillé le sol français de leur sang !

Le passage de la rivière donna lieu à une expérience homéopathique des plus curieuses et tout à fait extraordinaire.

Il y avait, à l'ambulance de Montmirail, un mobile atteint d'une petite vérole parvenue à son dernier degré de violence. Ce malheureux était littéralement couvert de gros boutons blancs. Pour lui, prendre l'air, c'était s'exposer à une mort certaine. Aux observations que lui fit le docteur, il répondit :

— Mes camarades s'en vont, battent en retraite et les Prussiens vont me faire prisonnier. Je veux vous suivre. Je préfère mourir au milieu des Français, plutôt que de vivre avec les Allemands !

Notre malade abandonna l'ambulance, sans avertir personne, et se mêla aux hommes de sa compagnie. En traversant la Braye, la glace se rompit, et il dut gagner la rive opposée ayant de l'eau jusqu'au-dessus de la ceinture. Puis, il suivit le bataillon.

Deux jours après, il était... guéri.

Avant de quitter Vibraye, nous consignerons un fait qui s'est présenté bien souvent pendant la guerre et qui nous a été raconté par le marchand à qui cela est arrivé.

Pendant la première occupation de ce village, un

Prussien était logé chez un marchand vendant un peu de tout, notamment de la draperie et de la mercerie. Un jour, l'Allemand entre dans le magasin :

— Avez-vous encore, demande-t-il, des couvertures que je vous ai vendues l'été dernier pour la maison X..., de Paris ?

Le négociant fut quelque peu ahuri par cette question et ne voulut pas reconnaître l'espion voyageur. La chose se passe de commentaires et si nous en parlons, c'est pour répéter, — on ne saurait trop le faire — combien, en France, on est léger en accueillant à bras ouverts ces ennemis du lendemain. Et la honte nous monte au visage, en pensant que, peu de temps après la guerre, des négociants soi-disant français, reprenaient leurs anciens employés allemands et confiaient à de nouvelles recrues tudesques, à de nouveaux espions, des emplois que les Français auraient pu tout aussi bien remplir !

Grâce à la forêt de Vibraye, nous pûmes échapper aux griffes de l'ennemi qui hésita à se jeter à notre poursuite, attendant que toutes ses forces fussent en ligne. Aussi, quand il se mit en marche, nous avions gagné assez d'avance pour ne pas être inquiétés. Cependant, on ne fit que traverser Dolon, malgré la grande fatigue des hommes. Mais les Allemands approchaient et il fallut déguerpir au plus vite. Bien nous en prit car, une heure à peine après notre dé-

part, une forte portion de l'armée prussienne y passait
à son tour. Néanmoins, nous pouvions maintenant
continuer notre retraite avec plus de sécurité, ayant
dépassé la ligne d'opération des Prussiens.

A Connerré, nous rencontrâmes le corps du général Rousseau qui battait aussi en retraite. Un officier
supérieur s'approcha de nous et nous déclara :

— Vous avez sauvé la division Rousseau en arrê-
tant les Prussiens à Vibraye. Sans vous, *elle était
perdue !*

Nous commencions à nous apercevoir des services
rendus et il était agréable de les voir constater par
ceux qui en avaient été les témoins. Les Prussiens
eux-mêmes avaient été obligés de nous rendre justice. Ils n'avaient pas été les seuls. Dans son ouvrage
intitulé : *Guerre de France*, le colonel russe Rous-
tow s'exprime ainsi :

Le plan des Allemands, pour le 8 janvier, était le suivant :

Le centre devait forcer la ligne de la Braye, sur la
route de Vendôme à Saint-Calais ; le 9e corps, au nord,
le 3e au sud de cette ligne. L'aile droite et l'aile gauche
prendraient à revers la ligne de la Braye, pendant que le
13e corps pénétrerait dans la vallée de l'Huisne, et le 10e
dans celle du Loir.

Le 13e corps pénétra dans la vallée de l'Huisne, jusqu'à
la Ferté-Bernard. Un détachement était envoyé à sa gauche pour assurer la communication entre le centre et la

droite ; il allait par Vibraye, jusqu'à Berfay, *sans pouvoir s'en rendre maître.*

On voit, par cette citation, qu'en racontant le combat de Vibraye, nous n'avons pas exagéré le nombre des ennemis que, pendant une demi-journée, nous avions empêchés de s'emparer du village.

Notre destination était Montfort où nous arrivâmes vers trois heures du matin. Le général Rousseau, dans la journée, vint lui-même féliciter le 3ᵉ bataillon de la Dordogne pour son combat de la veille. Notre vieux commandant était bien fier, bien heureux de cette démarche. Cathelineau qui assistait à l'entretien, ajouta aux éloges du général cette phrase bien vraie:

— Ce sont les chefs qui font les soldats !

Pour être flatteuses, ces félicitations n'en étaient pas moins méritées. Pour la seconde fois, nous rendions un service signalé : le 28 novembre, à Beaune-la-Rolande, nous avions sauvé un corps d'armée ; à Vibraye nous venions de sauver une division !

S'apercevrait-on jamais de cela et le constaterait-on d'une façon officielle et tangible ?

V



Le village de Montfort était la clef du Mans, à l'extrême gauche de l'armée. Il y avait beaucoup de troupes et, à chaque instant, il en arrivait d'autres. Le 21e corps, sous les ordres de l'amiral Jaurès, général auxiliaire, y était presque tout entier réuni. Il était évident qu'on s'attendait à une affaire importante, car il était peu naturel de voir, autour d'un village, une aussi grande agglomération d'hommes. Aussi, combien il était difficile de se procurer des vivres et, surtout, un abri pour la nuit ! On bouclait plus fort son ceinturon et on s'endormait où l'on pouvait !

De nos jours, on plaisante beaucoup un homme haut placé qui se livrait avec passion au jeu innocent du billard. On assure même qu'il est d'une force assez remarquable, ce qui ne nous surprend en au-

cune façon. Mais ce qui nous surprendrait outre mesure, ce serait de voir ce grand personnage exécuter facilement des quatre bandes sur le billard qui, à
Montfort, nous servit de lit. Voilà un vrai billard !
Il était tellement large, que nous y couchions *sept*,
sans être trop gênés. Le billard de l'Élysée doit être
certainement plus distingué, mais il ne « rendra » jamais autant de services à l'armée française (1) !

Les Prussiens étaient installés en face de nous, à
environ dix-huit cents mètres. Une vallée séparait les
combattants. On apercevait les canons rangés le long
des haies, et on pouvait distinctement les compter :
il y en avait quatorze en face du château de Montfort! La proximité des deux armées pouvait faire
supposer qu'on en viendrait bientôt aux mains quoique l'ennemi restât bien paisible. A peine quelques
obus révélaient la présence des Prussiens. Quelques
alertes, et c'était tout.

A Montfort, le commandant avait voulu régulariser
nos petites affaires, après le combat de Vibraye. Il
lui fallait faire un rapport général. Pour cela, il demanda à chaque commandant de compagnie un rapport particulier. Mais il allait au-devant d'une grave
objection. Il était bien évident que quelques individus

(1) Au moment où ces lignes étaient écrites, M. Grévy était président de la République et on parlait beaucoup de son goût prononcé,
presque de sa passion, pour le noble jeu du billard.

n'avaient pas eu tout le sang-froid désirable dans une aussi critique situation.

— Je ne veux pas, disait le père Marty, connaître les noms de ceux qui, cédant à trop de précipitation, ont jeté leurs armes. Je ne veux pas, après une aussi glorieuse affaire, augmenter le chiffre de nos pertes en clouant au poteau d'infamie ceux qui devraient être fusillés : que ceux-là, par exemple, rachètent, à l'avenir, un moment de défaillance!

En quelques lignes, notre rapport fut bâclé. Il était conçis:

> Mon commandant,
>
> Ma compagnie, que je commandais en l'absence du capitaine, occupait l'extrême droite, vers Saint-Calais, de la troupe opérant sur le plateau de César. Elle a eu à déjouer le plan d'une colonne ennemie qui tentait un mouvement tournant. Grâce à une manœuvre que vous avez déjà appréciée, nous avons réussi à repousser les Allemands et, ainsi, évité de graves complications.
>
> En retraite, à l'extrême gauche et complètement à découvert, nous avons dû passer la Braie sous une grêle de balles. J'ai la satisfaction de pouvoir dire, qu'en cette circonstance, chacun a fait courageusement son devoir. Un gradé, seul, a manqué de sang-froid.
>
> Le calme de nos hommes, en dépit des difficultés et du danger de la situation, ne s'est pas démenti un instant, aussi nos pertes — toujours douloureuses — sont-elles peu élevées : un mobile (1) tué, trois blessés, un disparu....

(1) Après avoir passé la Braie, en grimpant le talus qui la séparait de la route de Saint-Calais un obus démolit un arbre au milieu duquel

La ligne de chemin de fer traverse la vallée et servait de barrière naturelle entre Français et Allemands ; elle était gardée par un bataillon de marins. Admirable corps, que la marine! Ces braves matelots avaient tout pour eux : ordre, discipline, courage, patriotisme ! Ils restaient couchés le long des talus du chemin de fer, et leurs officiers se promenaient sur la voie, aussi paisiblement que s'ils eussent fait le quart, à bord. Ce bataillon était le plus rapproché de l'ennemi, qu'il surveillait attentivement. Il faisait notre admiration. Le vieux soldat discipliné se manifestait jusque dans ses moindres actes.

Un Prussien sortait-il du bois ou se montrait-il dans la plaine ? Un coup de fusil partait, puis un second, puis un troisième, et ainsi de suite jusqu'à ce que le Poméranien se retirât, ou fût tué !

Quelle importance attacher à cela et quelles conséquences en déduire, dira-t-on ?

La réponse est facile, par la comparaison.

A la guerre, il est important de ménager ses munitions et de ne pas tirer sa poudre aux moineaux —et quels moineaux! —lorsque cela n'est pas nécessaire. C'est là une question pratique, élémentaire, et quant aux conséquences à tirer d'une pareille parcimonie,

je disparus un instant. Je me dépêtrai vite de cette forêt improvisée, sans autre dommage qu'une contusion dont je ne parlai pas, et qui m'avait écorché le dos.

elles découlent du fait lui-même et prouvent que le soldat se possède, qu'il vise bien, qu'il est discipliné.

Cela est si vrai, que lorsque nos jeunes troupes apercevaient un Allemand, ce n'est pas un, deux, trois coups de fusil qu'elles tiraient, mais bien des feux de pelotons doublement inutiles, car leur résultat était négatif tout en donnant lieu à de sérieuses alertes. Le calme est le lot du vieux soldat ou, au moins, du soldat discipliné, solide et maître de soi !

Le 11 janvier, il y eut un engagement assez important entre nos compagnies postées au pont de Gennes sur le chemin de fer, à gauche et au-dessus des marins, et les Allemands qui avaient tenté une surprise pour tourner Montfort. Le signal donné par l'ennemi, pour commencer cette escarmouche, faillit être meurtrier pour nous. Nous étions sur la plate-forme du château appartenant à M. de Nicolaï, et nous examinions, en compagnie de quelques camarades, une batterie d'artillerie parquée sous d'épais arbres verts.

Les Prussiens, distinguant un groupe d'officiers, envoyèrent plusieurs obus : l'un d'eux démonta une pièce et les éclats de bois de l'affût tombèrent sur nous, sans faire aucun mal ; un autre obus pénétra dans le poste occupé par les mobilisés, à l'entrée du château, enleva le poêle autour duquel ils se chauffaient et, par un hasard providentiel, n'atteignit qu'un homme, fort légèrement.

Au même moment, au pont de Gennes, se produisait une attaque qui fut repoussée. Chacun conservait ses positions.

La lutte n'était pas très vive, mais les fatigues étaient grandes. On se tenait sur ses gardes, car l'ennemi nous tâtait partout, sans pousser à fond contre nous, ce qui nous mettait dans l'impossibilité de pénétrer ses intentions. Mais des mouvements importants se faisaient devant nous, pendant que, sur notre droite, du côté du Mans, la fusillade était assez nourrie. Aussi, la journée, quittions-nous nos cantonnements de

MESTAYER

Montfort pour aller occuper les coteaux dominant l'Huisne et là, immobiles dans la neige épaisse d'un mètre, nous attendions que les Prussiens vinssent à nous, puisqu'il n'entrait pas dans le programme de nos chefs d'aller à eux. On se regardait, on s'observait de part et d'autre, sans s'aborder : c'était évidemment le prélude des batailles du Mans. Beaucoup d'hommes eurent les pieds gelés, grâce à cette immobilité forcée, et les éclaireurs à cheval, dont Mestayer (1), qui avaient mis pied à terre pour battre

(1) Les éclaireurs à cheval n'avaient pas le monopole des « pieds gelés ». Les fantassins n'étaient pas épargnés, car on n'avait pas le temps de se déchausser, et la neige qui se glissait entre les souliers et les guêtres, n'avait pas le don de nous réchauffer. C'est ainsi que j'ai eu les deux pieds un peu gelés et que, souvent encore, très souvent, il me faut enlever une peau épaisse, formant une espèce de corne qui se renouvelle sans cesse.

Si je relate l'incident des « pieds gelés », c'est pour raconter comment les hasards de la vie rappelèrent, à Mestayer et à moi, les souvenirs de notre campagne.

Pendant plusieurs années, sept ou huit, nous nous étions rencontrés, avec des amis communs ; on ne parla jamais de 1870-1871, et on ne se reconnut pas. En 1904, en forêt de Sénart, nous chassions le faisan. Il faisait froid. Il restait aux arbres un peu de neige.

— Cela me rappelle un peu 1870, s'écria Mestayer, et je ne sais si cela est dû à l'anniversaire, mais je souffre de mes pieds gelés à Montfort et à Fatine. Quelle neige il y avait !

Le souvenir de Montfort et Fatine attira mon attention. Le chasseur racontait avec brio comment cela était arrivé. On se regarda et, tout d'un coup, comme mus par le même ressort, nous nous écriâmes:

— C'est donc toi le petit Mestayer ?

— C'est donc toi Gay, l'enthousiaste et le belliqueux?

Depuis, on ne s'est plus perdu de vue. Je n'ajoute à mon récit que celui de cette « reconnaissance ».

la semelle et se réchauffer, furent très éprouvés, la neige ayant séché sur leurs bottes.

Enfin, le 11, au soir, le corps Cathelineau reçut l'ordre de se porter à Fatine pour garder ce village et empêcher l'ennemi de couper l'armée française. Sur notre route, nous rencontrâmes un bataillon de zouaves pontificaux dont la vue seule donnait confiance, car ils se battaient bien. En arrivant à Fatine, il nous fallut barrer le passage à un bataillon de mobilisés qui se retirait trop vite devant quelques cavaliers allemands. On ramena cette troupe à son poste ; peu après, elle prit un autre chemin et disparut. Cathelineau s'était emparé d'un officier de mobilisés et, pour l'exemple, voulait le faire passer par les armes, mais ce sacrifice fait à la discipline eût été inutile et cet officier put librement rejoindre ceux qu'il commandait bravement... en retraite.

La situation ne laissait pas que d'être dangereuse. Arrivés à la nuit, nous n'avions trouvé aucune troupe qui pût nous renseigner sur les positions de l'ennemi qui était tout près, mais dont on ne pouvait connaître les intentions. Étions-nous seuls, ou bien y avait-il devant nous un cordon de forces échelonnées le long de la rivière ?

Nous ne savions rien.

Une de nos compagnies alla occuper l'emplacement laissé libre par le départ précipité des mobilisés. De son côté, Cathelineau cherchait à reconnaître les positions qu'on venait de lui confier. Il était près du village de Champagny lorsqu'il tomba dans une embuscade prussienne avec les quelques hommes qui l'accompagnaient. Parvenus au détour d'un chemin creux, il entend un bruit de pas se dirigeant vers lui.

— Qui vive ! cria-t-il.

— Français, mobiles ! est-il répondu.

Les Vendéens font quelques pas encore et sont reçus à coups de fusil. La nuit était bien noire. Les francs-tireurs grimpent sur le talus et ripostent. Les Allemands se retirèrent emmenant un prisonnier et ayant blessé un homme. M. de Cathelineau avait eu la plume qu'il portait à son chapeau enlevée par une balle.

Dans cette rencontre nocturne, il se produisit un fait assez extraordinaire. Reçus à coups de fusil et presque à bout portant, les francs-tireurs s'étaient mis derrière les arbres, pour éviter les balles. L'un d'eux, blotti contre un gros chêne, soulevait son fusil pour être prêt à tirer, lorsqu'il sentit que le bout du canon était retenu et saisi par une main invisible. Supposant avoir affaire à un ennemi, il lâche la détente et le coup part. Le canon de son fusil devient libre, et, à la détonation, succède le bruit sourd d'un corps qui s'affaisse lourdement sur la terre gelée.

Le franc-tireur avait tué un Prussien caché derrière le même arbre que lui !

La nuit que nous passâmes à Fatine fut la plus pénible de toute cette terrible guerre, et ce fut, aussi, la dernière passée en face de l'ennemi. Le corps Cathelineau, seul pour occuper ce point important, resta de garde toute la nuit. Les hommes étaient obligés de se tenir accroupis dans les fossés pendant que les Prussiens allumaient de grands feux, à quelques centaines de mètres de nous. Mais les ordres étaient sévères et nous devions dissimuler notre petit nombre. Au froid venaient s'ajouter les privations ; la nourriture faisait absolument défaut, à peine avait-on pu trouver dans les caisses abandonnées le long de la route des biscuits qu'il fallait faire griller ou tremper, afin de les ramollir.

Une muraille garantissait nos hommes contre les projectiles ennemis qui venaient frapper, sans bruit, les arbres et les pierres. Et, pendant toute la nuit, les mobiles durent rester assis ou couchés, le long de la route, pour éviter les balles que les Prussiens envoyaient, à l'aide du fulmi-coton, au mépris des traités qui bannissent, en temps de guerre, l'emploi du fulmi-coton et des balles explosibles. Demander à ces barbares d'observer une loi basée sur un principe humanitaire, ce serait vouloir exiger d'eux ce qu'ils ne connaîtront jamais : l'honnêteté !

Depuis minuit, notre compagnie occupait l'extrémité de Fatine, à droite, du côté du Mans. Ce n'était pas notre tour de marcher, mais le commandant n'avait pas voulu confier un poste aussi périlleux, qui exigeait du calme et du sang-froid, à un officier dont on connaît les hauts faits bachiques. Nos deux heures de grand'-garde avaient passé, bien lentement, et les hommes, inertes, saisis par le froid, attendaient toujours d'être relevés, supportant stoïquement, sans aucune plainte, sans récriminations, toutes les souffrances.

Il avait fallu, cependant, demander à être relevés de faction et, à chaque messager, le père Marty répondait :

— Dites au lieutenant de tenir tant qu'il pourra. Vous avez un poste de confiance, je compte sur lui et sur vous !

C'était flatteur, et on pouvait compter sur nous. Mais les forces humaines ont une limite que la volonté, l'énergie, le courage les mieux trempés, ne sauraient reculer. Les mobiles tombaient de fatigue, de sommeil, transis, gelés, évanouis ! On les portait au village et le commandant, les larmes aux yeux, s'écriait toujours en voyant ces victimes du devoir :

— Dites aux autres de tenir encore, à toute extrémité. Le poste est périlleux, important. Je n'ai personne pour vous remplacer !

On tenait toujours, mais toujours les vides se faisaient dans les rangs, et six heures durant, il en fut ainsi, obligés, à chaque instant, de repousser les patrouilles prussiennes. Enfin, le jour allait poindre quand le capitaine Dereix qui, lui aussi, avait eu une terrible besogne, vint prendre notre place au moment même où nous commencions le feu avec l'ennemi que nous repoussâmes ensemble.

La nuit de Fatine est un de nos souvenirs les plus cruels, les plus durs, et mérite d'être inscrite en gros caractères, à côté des journées de Beaune-la-Rolande et de Vibraye. Moins meurtrière, la grand'garde de Fatine n'en éprouva pas moins très douloureusement notre bataillon qui, depuis le 7 janvier, n'avait pas pris un seul instant de repos. Elle porta, surtout, un coup fatal à la confiance qu'il avait encore ; le moral des hommes fut mortellement atteint.

La retraite du Mans allait commencer dans de déplorables conditions.

C'était, à ne pas s'y méprendre, la fin de la guerre !

Pendant cette nuit affreuse, les marins accomplirent un brillant fait d'armes. Vers minuit, les Prussiens, sortant des bois, descendirent dans la vallée, bien résolus à s'emparer de la ligne de chemin de fer et de Montfort, pour tourner les Français par leur extrême gauche et leur couper la retraite. Les matelots étaient à leur poste, attendant de pied ferme la colonne ennemie qu'ils laissèrent arriver à trois cents mètres de la voie. Puis, dans le silence de la nuit,

on entendit trois feux de pelotons, serrés, réguliers,
comme à la manœuvre.

— Ce sont les marins, s'écria-t-on aussitôt.

Il semblait qu'on reconnaissait le son de leurs chassepots qui, après
avoir suivi la val-
lée, montait jus-
qu'à nous comme
un formidable
roulement de ton-
nerre.

Un grand calme
se fit, auquel suc-
céda un bruit im-
mense, un cri que
répercutèrent les
échos. C'était le
cri de guerre des
matelots qui s'é-
lançaient à la
baïonnette, sur la
horde poméra-
nienne. Aux hur-
rahs se mêlaient

LE PÈRE MARTY

des détonations s'éloignant de la vallée. Puis, plus
rien! Nous étions émus, car nous nous intéressions
au sort de ces braves soldats qui ramenèrent les

Prussiens jusque dans leur camp, la baïonnette dans les reins, massacrant les artilleurs sur leurs pièces !

Les marins regagnèrent la ligne du chemin de fer, fiers de leur succès, hélas ! de courte durée, car, une heure après, ils battaient en retraite du côté de Fatine.

Ce combat de nuit avait duré trois quarts d'heure, à peine. Les cadavres allemands couvraient la neige et l'ensanglantaient. Il y en avait plus de douze cents !

Et les blessés ! Leur nombre dut être grand. Les marins avaient éprouvé des pertes sensibles. Soixante-douze des leurs étaient hors de combat, parmi lesquels trois officiers tués.

Si on avait eu cent mille matelots, les Prussiens auraient regagné leurs frontières, nous allions écrire : leurs tanières !

# VI



L'ennemi nous avait tâtés partout, et partout nos sentinelles l'ayant accueilli à coups de fusil, il n'avait pas tenté d'enfoncer la ligne, ce qui lui eût été bien facile! Sans doute que, nous rencontrant de tous côtés, il nous avait crus fort nombreux, car nous ne pouvons supposer qu'il ne se jugeât pas assez en force pour nous attaquer. Quoi qu'il en soit, nous conservâmes la position de Fatine, assurant ainsi la retraite du 21<sup>e</sup> corps, retraite qui aurait été infailliblement coupée.

Le 12, à quatre heures du matin, les renseignements qui nous étaient parvenus, se confirmèrent. L'armée française se repliait! Le général Rousseau arriva à Fatine, assurant qu'il n'y avait pas de temps à perdre si on voulait éviter une complète déroute et ne pas voir toutes les routes occupées par les Allemands qui s'avançaient par Montfort. Tous nos postes furent relevés dans le plus grand silence, car si les Prussiens, qui nous touchaient, s'étaient aperçus de ce mouvement et nous avaient attaqués, ils auraient fait un affreux massacre de notre petite colonne et de la division Rousseau, embarrassées dans des chemins creux et étroits.

Triste situation, en vérité!

En sortirions-nous?

Enfin, la retraite commença.

La colonne s'allongeait, serpentant péniblement à travers un véritable dédale de sentiers impraticables. Jamais nous ne fûmes si près de notre perte. A quelque distance de Fatine, nous faillîmes tomber au milieu d'une division prussienne. Fort heureusement, un brouillard épais nous permit de passer inaperçus et de reprendre la bonne voie dont nous nous étions un instant écartés. On marchait à tâtons, en aveugles, ne sachant au juste où était l'ennemi et quels chemins il fallait prendre pour l'éviter. Cette incertitude, ces à-coups dans la marche, avec un moral aussi ébranlé que celui des hommes, achevaient d'amollir leur courage et de faire disparaître toute énergie. On s'arrêtait toutes les cinq minutes pour prêter l'oreille, afin de ne pas aller dans le campement ennemi.

Arrivés sur une route, en face des plateaux de La

croix, le général Rousseau ne savait où diriger ses pas. Les plateaux étaient occupés.

Par qui ?

Par les Prussiens, ou par les Français?

Telle était la question qu'il se posait sans pouvoir la résoudre. Il était à peu près dix heures du matin. Cathelineau était avec le général et, tous deux, hésitaient à prendre un parti.

— Colonel, dit tout à coup le général Rousseau, comme ayant trouvé une solution à cette terrible impasse, faisons avancer la colonne au milieu de la route, montrons-nous...Si d'ici un quart d'heure nous n'avons pas reçu une volée d'obus, nous pourrons hardiment marcher vers les coteaux !

Ainsi dit, ainsi fait. Le quart d'heure s'écoula ; pas la moindre détonation. Il paraît que l'expérience était concluante, car on se remit en marche sans être aucunement tourmenté. Ce système réussit à merveille, mais que dire et que penser de ceux qui occupaient les plateaux de Lacroix, sans s'inquiéter de ce qui se passait autour d'eux, et sans prendre garde aux Allemands. Savaient-ils que nous étions des Français?

Ils ne se l'étaient pas même demandé ! C'était une belle insouciance !

Un bois nous séparait des hauteurs et était gardé par ce brave bataillon de marins qui s'étaient si héroïquement conduits à Montfort. Les sentinelles étaient échelonnées le long des chemins et portaient les armes lorsqu'un officier, passait devant elles. Ah! les braves gens que ces marins! Nous étions tentés, nous, officiers d'occasion, de saluer les premiers ces soldats disciplinés et courageux, ces soldats admirables, calmes et insouciants au milieu de nos désastres, de nos défaites, et toujours prêts à combattre et à mourir!

Tout un corps d'armée battait en retraite et un bataillon restait là, impassible, pour le soutenir! Cinq ou six cents marins protégeaient, couvraient vingt-cinq ou trente mille hommes et, sans peur comme sans reproche, s'apprêtaient à recevoir de pied ferme le choc de l'armée prussienne! Avec quel respect et quelle admiration nous parlons encore de ces matelots que nous avons vus à l'œuvre! Et c'est avec une patriotique émotion que nous nous rappelons leur héroïsme au milieu de nombreuses défaillances qui déshonorèrent le drapeau de la France!

Mais qu'avaient-ils donc ces hommes, ces simples soldats, pour maintenir partout et toujours, pur et sans tache, l'honneur national?

Ce qu'ils avaient?

Ils avaient la foi, ils avaient ce sentiment du devoir, du dévouement à la patrie qu'ils avaient su conserver intact en l'isolant des mesquines rancunes et en le mettant hors de l'atteinte de la misérable gangrène politique des partis!

Ce qu'ils avaient, ces héros ?

Ils avaient l'abnégation de ceux qui savent ne pas s'appartenir, liés qu'ils sont à l'obéissance passive ! Ils avaient vu cent fois la mort en face, en pleine mer, avec leurs officiers courant les mêmes dangers, disputant leur navire et leur vie aux éléments déchaînés !

Voilà ce qu'ils avaient, ces Français, qui combattaient comme des lions et mouraient en martyrs du devoir !

M. de Cathelineau consacre, dans son ouvrage, ces quelques lignes à ce brave bataillon :

Nous arrivâmes sans encombre, vers midi, une heure, sur le sommet du plateau de Lacroix. Nous avions laissé derrière nous quelques compagnies de marins. J'avais demandé à ces braves s'ils avaient des ordres :

— Non, me répondirent-ils, avec l'indifférence que donne l'amour du devoir, en face du danger. L'armée se retirait, ils restaient sans crainte. Je ne sais s'ils furent oubliés, mais j'appris plus tard qu'ils avaient soutenu, seuls, les efforts de l'ennemi, avec une vigueur qui n'était pas seulement digne d'éloges, mais d'admiration. Partout, la résistance des marins fut sublime, leur vigueur héroïque !

Enfin, nous voilà parvenus sur ces fameux plateaux qui, un instant, nous avaient tant inquiétés. Ils étaient occupés par des troupes de toute sorte : de la ligne de marche, des mobilisés, des francs-tireurs de la Savoie, etc... et, avec la division Rousseau, nous nous mîmes en bataille pour soutenir la retraite des autres corps. Sans vivres depuis plus de vingt-quatre heures, on trempait dans la neige les débris de biscuit que d'autres troupes avaient jetés ou laissés sur leurs campements, se préparant, malgré tout, à lutter contre l'ennemi, en dépit des mauvaises nouvelles qui circulaient au sujet de l'armée française.

Le Mans, affirmait-on, venait de tomber au pouvoir des Allemands !

La place de bataille qui nous fut assignée était peu avantageuse. Nous étions dans un champ complètement découvert d'où l'on apercevait, distinctement, les canons prussiens. L'artillerie, encore assez respectable, de la division Rousseau, se mit en batterie, près de nous. Nous lui servions de garde. L'ennemi approchait. Déjà, en avant de notre position, on entendait les coups de fusil, rares d'abord, ensuite plus serrés. Le feu s'étendit sur une ligne plus longue : la lutte s'accentuait à chaque minute. C'étaient encore les marins qui recevaient le premier choc de l'avant-garde prussienne, et l'arrêtaient. Mais, bientôt, les canons Krupp se mirent de la partie : une attaque sérieuse commençait.

Nous fûmes remplacés dans notre mauvaise position par un bataillon de mobilisés, et nous nous portâmes plus avant. A peine avions-nous abandonné notre emplacement, que les obus y tombèrent drus

L'ARTILLERIE DE LA DIVISION ROUSSEAU EN BATTERIE

comme grêle. Un seul obus mit *quatorze* hommes hors de combat ! Il y eut un moment de panique, mais on reforma le bataillon de mobilisés dans un chemin creux qui se trouvait tout à côté. Le général Rousseau riposta, mais une lutte, à cet endroit, devenait complètement inutile car, alors même qu'on aurait gardé cette position, il aurait fallu se retirer pour n'être pas coupés du reste de l'armée.

Vers quatre heures du soir nous étions à Sargé où il était matériellement impossible de passer, tant la route était encombrée de troupes, de matériel de guerre et de bagages. Triste spectacle que ce désordre d'une armée en déroute ! Enfin, après deux heures d'une marche lente, pénible, démoralisatrice, nous pûmes gagner Neuville, petit village situé à quelques kilomètres du Mans. La nuit venait, augmentant le désarroi. Les nouvelles qui nous parvenaient étaient navrantes. La ville du Mans était prise, malgré la glorieuse défense d'une batterie d'artillerie de marine qui, longtemps, avait empêché l'ennemi de faire son entrée. Toujours et partout les marins !

En arrivant à Neuville, il y eut une panique. On suivait la ligne du chemin de fer, le long de la voie, pendant qu'un escadron de dragons marchait sur la voie elle-même. Cet escadron parvint à Neuville et y jeta l'épouvante parmi les troupes qui y étaient déjà arrivées. L'obscurité empêchait de distinguer les uniformes. De toutes parts, les cris de : voilà les Prussiens ! ce sont les Prussiens ! se faisaient entendre. Les pièces d'artillerie furent précipitamment attelées et l'une d'elles, au détour d'un chemin en pente, fut renversée dans le fossé. L'affût fut brisé, quelques hommes furent blessés et entraînés par ce canon qu'on dut abandonner faute d'affût de rechange. Cependant le calme revint, grâce à notre entrée dans le village, et nous ramenâmes l'artillerie qui allait en droite ligne du côté du Mans, c'est-à-dire se faire prendre.

Neuville était trop près du Mans et, aussi, trop à la portée des Allemands qui pouvaient arriver assez vite en suivant la voie ferrée. La retraite continua, et ce fut à la Guerche qu'il nous fut permis de prendre quelque repos. Mais là, encore, encombrement de troupes. Depuis vingt-quatre heures on avait vécu d'un biscuit, — ceux qui avaient pu en trouver ou en ramasser ; la faim augmentait la fatigue et, cependant, on ne pouvait se procurer de la nourriture. Fort heureusement, un cheval venait de mourir dans l'écurie de la maison où, avec quelques camarades, nous avions établi un dortoir sur le plancher ; on trancha dans le vif et nous trouvâmes excellents les bifteaks qui rôtirent au bout d'une ficelle qu'on tenait, chacun son tour, devant un grand feu.

Eh ! bien, en dépit de la situation, on riait. Il y

avait, malgré tout, cette gaieté française qui subsiste toujours, alors même que la *furia francese* a disparu, cédant la place à la démoralisation. On se ravitailla, on mangea comme l'on put, et ici, nous devons un témoignage de gratitude aux braves habitants de la Guerche qui se privèrent pour alléger nos souffrances, sans se demander si, le lendemain, ils auraient de quoi se nourrir eux-mêmes.

On a accusé le général Rousseau d'avoir attiré les Prussiens sur le Mans, par des pointes hardies du côté de Chartres et de la Fourche. Singulier temps que celui où nous vivions en 1871! Un général temporisait-il? C'était un incapable, un poltron! Était-il battu? C'était un incapable, un traître! Avançait-il vers l'ennemi, l'attaquait-il? Il attirait les Prussiens sur ses pas et amenait la défaite du gros de l'armée française campée, installée à quinze ou seize lieues en arrière!

L'opinion que nous pourrons émettre sur la conduite du général Rousseau, le touchera fort peu, sans doute, en admettant que ces lignes lui passent sous les yeux, et c'est ce qui nous met à l'aise pour librement nous prononcer.

Le général Rousseau est-il donc coupable pour n'avoir pas désespéré, pour n'avoir pas douté de la valeur de ses soldats et de leur solidité, pour leur avoir communiqué son patriotisme, sa confiance, son courage, et les avoir conduits, non pas à une victoire décisive, mais à de nombreux combats glorieux ?

Non, il n'est pas coupable, ce chef qui, n'écoutant que son devoir, suit ponctuellement les ordres qu'on lui donne et justifie cette belle et fière devise : *non quot sed ubi !*

Ce chef, ce Français est un brave qui bat en retraite le dernier, lutte jusqu'à la dernière extrémité, ne reculant que devant le nombre et lorsque l'exigeaient la sécurité, l'intérêt de l'armée (1).

Et on a incriminé sa conduite (2) !

Il eût été à souhaiter de n'avoir que des généraux Rousseau, et les Allemands n'auraient pas toujours été

(1) Ce récit de la guerre de 1870-1871 a été publié quelques années après la conclusion de la paix ; le hasard fit que le général Rousseau lut le feuilleton contenant le passage cité plus haut et il nous écrivit, « remerciant très vivement M. Gay du chapitre par trop élogieux qu'il a bien voulu lui consacrer dans son récit de la retraite du Mans. Il le remercie, surtout, de l'avoir défendu contre l'absurde reproche qu'on lui a fait, d'avoir attiré les Allemands en les attaquant ; cela valait pourtant mieux que de les attendre ». Le général ajoutait : « Ce chapitre, trop élogieux, témoigne du bon souvenir que lui conservent encore ses anciens compagnons de fatigues et de dangers. Merci de tout cœur ! »

Le général Rousseau est mort secrétaire général de la grande chancellerie de la Légion d'Honneur.

(2) Le gouvernement de la Défense Nationale consultait le général Rousseau et le tenait en très haute estime. Il n'éleva jamais aucune protestation, aucune récrimination contre lui. Mais le général Chanzy, pour couvrir ses propres fautes et sa responsabilité, ne lui ménageait pas ses critiques alors qu'il aurait dû prendre exemple sur lui.

victorieux et n'auraient pas eu tant de mépris pour les
« bandes qui fuyaient devant eux », et, plus souvent,
leur auraient tenu tête!

Le 13 janvier nous quittions la Guerche, à la suite
de nombreuses troupes, et les derniers.

— C'est crâne ! avait dit le général Rousseau, et il
s'y connaissait.

Notre retraite continuait donc, moins désordonnée.
Un peu avant d'arriver à Beaumont-sur-Sarthe, nous
rencontrâmes le bataillon de marins et un bataillon
de zouaves pontificaux qui étaient là pour arrêter
l'ennemi. La division Rousseau passa devant nous, et
lorsque les dernières troupes françaises eurent traversé le pont de Beaumont, on le fit sauter.

Dans quelle direction aller, maintenant ?

La frayeur des naturels du pays grossissait à plaisir
les forces prussiennes qui, à leur dire, étaient à peine
à quelques kilomètres de là. Néanmoins, on fit une
halte dans le village de Beaumont où il y avait beaucoup de troupes, des mobilisés surtout, la plupart
sans armes et s'en allant, chacun ne son côté.

— Où allez-vous, leur demandait-on ?

Ils répondaient avec le plus grand sang-froid du
monde :

— Mais, chez nous ! On nous a dit qu'on n'avait
plus besoin de nous !

En laissant Beaumont, notre colonne se dirigea sur

Fresnay. Nos éclaireurs à cheval allaient au loin, sur nos flancs, pour surveiller l'ennemi. L'un d'eux, le jeune Mestayer nous revint, ramenant une soixantaine de mobilisés qu'un uhlan emmenait prisonniers ! Plus loin, on découvrit un champ dans lequel on avait abandonné un millier de fusils (1) !

De Fresnay où l'on séjourna la nuit, nous gagnâmes Saint-Georges-le-Gautier, et, le lendemain, Courcité. L'ennemi s'avançait : on le disait à Fresnay et à Beaumont. Toutes les précautions furent prises pour repousser une attaque. Les éclaireurs se répandaient dans toutes les directions. Quelques-uns poussèrent jusqu'à Fresnay qui n'était pas occupé par les

(1) Dans le récit publié après la guerre, nous faisions la déclaration suivante :

« Nous entrons, maintenant, dans certains détails qu'on nous reprochera peut-être de consigner ici, sous le prétexte qu'il est des faits qu'on doit passer sous silence, alors que l'honneur français peut en être atteint. Certes, cette considération a son importance, mais nous nous sommes fait un devoir de raconter ce que nous avons vu et ce qui se disait autour de nous, de mettre en lumière les actions d'éclat comme les défaillances les plus fâcheuses. Le lecteur saura tirer les conclusions qu'il conviendra de ces tristes événements. Il est nécessaire de ne pas laisser sous le boisseau les exemples, aussi déshonorants qu'ils soient, afin qu'on en déduise les enseignements qu'ils portent en eux. Les courtisans ne sont pas des hommes, et c'est grâce à eux que, souvent, les esprits les plus sages, les caractères les plus droits et les mieux trempés, se laissent aller aux plus fatales utopies, aux plus désastreuses folies ! »

Au recul du temps et dans les circonstances actuelles, nous préférons passer sous silence certains faits et ne plus les reproduire.

Allemands, mais qui recevait presque chaque jour la visite de leurs coureurs.

A Courcité, on établit des grand'gardes et, la nuit, on resta debout, dans la crainte que l'ennemi ne vînt à la suite des troupes du camp de Conlie. Il y eut une alerte causée par les mobilisés ; et ce fut tout, mais alerte grotesque, quant à son origine.

Il était onze heures du soir. Une de nos sentinelles, postée sur la route de Sillé-le-Guillaume, entend venir vers elle. Elle crie :

— Halte là ! Qui vive !

Pas de réponse.

— Qui vive !

Même silence. On avance toujours.

— Qui vive ! crie une troisième fois la sentinelle.

A cette troisième sommation, notre moblot entend un éclat de rire suivi d'un mot que Cambronne prononça à Waterloo, et il tira. Un corps s'affaisse sur la route. La sentinelle s'approche et découvre un mobilisé, plus mort que vif, mais sain et sauf, qui avait voulu, selon son explication, faire une *plaisanterie*. Mais, chose extraordinaire, la balle avait failli faire des victimes : après avoir traversé un contrevent, elle était allée se loger dans la planche de la tête d'un lit occupé par un vieux couple qui se mit à jeter les hauts cris.

Fort heureusement, dans toute cette cocasse équipée, il n'y eut pas de blessé : quant au mobilisé qui, sans aucun doute, n'avait jamais vu le feu de si près, la peur fut pour lui une punition suffisante : il ne recommencera pas sa petite plaisanterie !

Une assez forte colonne ennemie nous suivait à faible distance, aussi ne faisions-nous que passer la nuit dans les villages où nous prenions un peu de repos.

Où allions-nous ?

Personne ne le savait. On cherchait à fuir les Prussiens et à se mettre hors de leur atteinte. Voilà ce qu'on savait bien. Il fallut abandonner Courcité, et le 16 on couchait à Lassay où nous eûmes la satisfaction de retrouver nos bagages qui, par le plus grand des hasards, avaient pu être soustraits à l'ennemi. Le lendemain, on gagna Gorron où l'on passa la nuit.

Dans ces courses précipitées, on mangeait comme l'on pouvait, et la mauvaise volonté des hôteliers augmentait encore les difficultés de notre ravitaillement. A Ambrières, entre Lassay et Gorron, nous rencontrâmes un ancien militaire devenu maître d'hôtel, auquel on eut toutes les peines du monde à faire entendre raison. Cet énergumène ne connaissait ni ami, ni ennemi, et menaçait toujours de nous mettre à la porte.

Ce matin-là, nous avons été persuadé de la véracité du proverbe qui dit que *ventre affamé n'a jamais*

*d'oreille,*car on faisait peu de cas de la rage du bon-
homme et de ses paroles malsonnantes. Après le déjeuner, il se calma comme par enchantement devant
la menace, non seulement de ne pas être payé, mais
encore d'être enfermé. On ne l'enferma pas, on le
paya : il aimait mieux cela.

Les seuls personnages qui puissent se féliciter de
la guerre, sont les hôteliers. Pour eux, c'était l'âge
d'or et l'exploitation en grand. Combien ils ont pres-
suré les pauvres soldats! Aussi, après mûre réflexion,
en arrivons-nous à excuser les hommes qui *oubliaient,*
parfois, de payer leur nourriture ou leurs consomma-
tions. Dans un village, on a tenté de nous faire payer
une omelette la modeste somme de vingt-cinq francs :
moyennant le cinquième, nous fûmes encore plus que
généreux.

Le 18 janvier, au soir, nous arrivâmes à Fougères,
en plein département d'Ille-et-Vilaine. Les habitants
étaient las de loger des troupes, presque autant que
nous étions las de marcher et, cependant, leur accueil
nous fut très sympathique. Combien de temps y reste-
rions-nous ? Voilà ce qu'on ne savait pas, d'autant plus
que notre destination était tout à fait inconnue.

L'ennemi nous poursuivait-il?

Si oui, on allait nous diriger vers un port de la côte
normande pour nous y embarquer. Mais des ordres
vinrent qui dérangèrent ce plan dont l'exécution était

escomptée comme une partie de plaisir. C'eût été nouveau pour nous ?

Dans notre petit corps d'armée se trouvait un bataillon des mobiles de la Haute-Garonne que nous avions pris à Montfort. Dans ce bataillon, il y avait un officier, vrai type de l'original. A Fougères, il cherchait un logement, pendant la nuit. On dormait et on ne répondait pas à son appel. Que fit notre capitaine (1) ? Il envoya des coups de revolver dans les contrevents jusqu'à ce qu'on lui eût ouvert.

Singulière façon, n'est-ce pas, de demander un gîte paisible pour reposer sa tête ?

Le 20, on se remit en route pour aller à Château-Gontier (Mayenne). Avant le départ, en nous promenant sur la principale place de la ville où les mobilisés des Côtes-du-Nord faisaient l'exercice, nous avons vu passer un convoi de prisonniers allemands, et nous n'oublierons jamais avec quel air de mépris et quel sourire dédaigneux, ils regardaient ces mobilisés. Et, cependant, ces Prussiens n'avaient pas déjà si bonne mine ! Ils étaient presque tous myopes et dégingandés et, chose bizarre, bien souvent, à Bordeaux, nous avions remarqué l'un d'eux employé dans une grande maison de commerce de vins !

(1) Le nom importe peu, mais il nous serait bien facile de le nommer.

ANXIEUSE INCERTITUDE

A Craon où nous séjournâmes un peu, nous avons entendu l'un de nos camarades faire un aphorisme aussi profond que l'élément qui en fut cause. Craon est traversé par une petite rivière et, sur le pont, chacun en mesurait de l'œil la profondeur.

— Elle a trois mètres de profondeur, dit-il !

— A quoi le connais-tu ?

— A la *forme* de l'eau.

Le 24 janvier nous arrivions à Château-Gontier. M. de Cathelineau vint au-devant de nous, à deux kilomètres de la ville, et nous passa en revue, avant notre entrée. Sans être bien propres, bien équipés et élégants, l'attitude de nos hommes ne manquait pas d'un certain « chic ». On se relevait, malgré les fatigues, sous l'œil des curieux, on avait un petit air martial qui nous donnait l'aspect de vieilles troupes depuis longtemps en campagne, et chacun semblait vouloir dire :

— Nous battons en retraite, mais nous avons fait notre devoir !

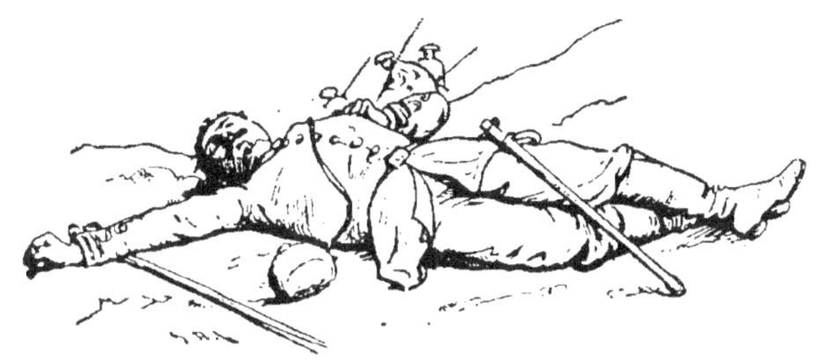

# VII



La ville de Château-Gontier est bâtie, en majeure
partie, sur le flanc d'un coteau élevé descendant jusqu'à la rive droite de la Mayenne et s'étendant fort
loin, en amont et en aval. Sur la rive gauche, des
constructions récentes forment ce qu'on appelle le
faubourg. De ce côté, se trouvent l'hôpital et le collège.

Château-Gontier est admirablement situé pour une
sérieuse et énergique défense et, avec quelques batteries, on aurait pu enrayer la marche des Allemands.
Mais il aurait fallu sacrifier le faubourg, car le pont
qui le reliait à la ville avait été détruit. Dans quel
but ? Voilà la question qu'on se posait. Le pont détruit, les Prussiens pouvaient librement manœuvrer
sur la rive gauche et se rapprocher de la ville après

s'être emparés du faubourg que nos troupes auraient dû évacuer assez à temps pour opérer leur retraite. Mais ceux qui avaient été chargés de faire sauter le pont ne s'étaient point arrêtés à des réflexions aussi élementaires — trop élémentaires, sans doute ! — et avaient employé *quatorze cents kilos* de poudre pour opérer cette besogne qui, du reste, réussit au delà de toute espérance.

Les maisons avoisinantes furent ébranlées jusque dans leurs fondements, par une formidable explosion. Pas un carreau intact, les cloisons démolies, les toitures effondrées, tel était le bilan de ce brillant et inutile acte qui précipitait au fond de la Mayenne un pont indispensable pour nos soldats et dont la destruction n'aurait pas arrêté la marche de l'ennemi. Il fallut, pour rétablir les communications, établir un service de bateaux, chose du reste parfaitement incommode et essentiellement dangereuse en cas d'attaque.

Les Prussiens étaient à Sablé, sur la rive gauche et envoyaient des reconnaissances jusqu'à Grez, Gennes et Bierné, à quelques kilomètres de Château-Gontier. Une compagnie occupa le faubourg, pour mieux surveiller les Allemands.

On se réorganisait, on s'efforçait de réparer les désordres d'une toilette dont on avait laissé les morceaux et les défroques dans les buissons des bois et des chemins. Nos hommes étaient dans un si piteux état, qu'ils avaient fort mauvaise mine et ressemblaient peu à des soldats. C'est dans cette espèce d'accalmie, de repos, que l'armistice vint nous surprendre. Cette nouvelle, considérée comme un acheminement certain vers la conclusion de la paix, fut favorablement accueillie.

Comment pouvait-il en être différemment ?

Partout, nous avions été battus ou repoussés ; nos armées n'avaient pu tenir la campagne contre les armées allemandes, et leur rôle semblait n'être qu'une retraite perpétuelle. Dans ces conditions, la lutte devenait de plus en plus impossible, car l'armée qui assiégeait Paris viendrait se joindre aux troupes qui nous avaient fait reculer au Mans, ce qui diminuait encore nos espérances et nos chances déjà si faibles de succès. On était las de la guerre, on sentait que le sacrifice fait à la patrie était inutile, qu'il était préférable de traiter de la paix, plutôt que de tenter encore le sort des armes.

Malheureusement, les illusions n'étaient plus permises à cet égard et, bien que notre patriotisme se révoltât contre de semblables aveux, on ne pouvait se dissimuler que Bismarck pourrait nous imposer toutes les conditions que lui dicterait son bon plaisir. Certes, on aurait fait son devoir, mais sans espoir, sans entrain, et quand on pense de la sorte, on est bien près d'être un mauvais soldat.

Et tous pensaient ainsi ! La fatale désespérance avait pénétré dans les cœurs les plus solides et les plus résolus !

Après nos désastres des premiers jours, on espérait, on croyait qu'il fallait lutter, que la France se soulèverait en masse et qu'on retrouverait ce bel élan, ce bel enthousiasme qui, jadis, avait fait repousser l'invasion ! Metz avait capitulé, l'armée de Frédéric-Charles venait à nous. Nous espérions encore, on l'attendit : nous fûmes battus ! Paris allait se rendre ; toute résistance devenait inutile, voilà l'idée dominante au moment de l'armistice, et la conclusion de la paix était considérée comme inévitable, en dépit des assurances belliqueuses du général Chanzy !

Pendant la retraite de l'armée de la Loire, ce général avait acquis une grande réputation que les affaires du Mans couronnèrent tristement. Cependant, les avertissements ne lui avaient pas manqué ! Chanzy n'avait pu vaincre les Prussiens et il comptait les battre maintenant qu'ils seraient tous réunis contre lui ? Étrange théorie, en vérité ! Il est vrai que le général faisait retomber les responsabilités de sa défaite du Mans sur la défection des mobilisés bretons. Cette accusation est puérile. Un général en chef doit connaître le terrain sur lequel il combat, les positions que les troupes occupent et la valeur des soldats à qui elles sont confiées. Quand une position est la clef de toutes les opérations, que sa possession peut décider de la victoire ou de la défaite, on la donne en garde à des troupes solides, aguerries, disciplinées ou, tout au moins, à ses meilleures troupes. Au lieu de cela, que fit Chanzy ? Il confia à des mobilisés mal armés, mal équipés, mal commandés, la position dont la perte, à son dire, amena la débâcle du Mans !

Quoi de surprenant à ce que les mobilisés, dont le séjour au camp de Conlie avait suffisamment indiqué les services qu'on pouvait en attendre, abandonnent un poste attaqué par de vieilles troupes contre lesquelles notre brave armée n'avait pu tenir ? Mais nous les avons vus, ces mobilisés, et nous pouvons affirmer que leur armement était défectueux à tel point que leurs fusils ne pouvaient pas partir (1).

Ce n'est pas que nous cherchions à excuser les mobilisés bretons — on n'est jamais excusable de n'avoir pas tenté l'impossible pour accomplir son devoir ! — mais nous voudrions fixer les responsabilités car, dans cette malheureuse guerre, chacun a toujours essayé de se disculper au détriment de

(1) Et quels fusils que ces springfields américains « dont les ressorts se brisent, les chiens ne tiennent pas armés ou n'écrasent pas la capsule, dont les cheminées ne sont pas percées et les baguettes, une fois introduites, ne peuvent être extraites des canons qui crèvent ! » Déposition de M. de Freycinet devant la commission d'enquête.

son voisin. Pour nous, le général qui charge de la défense d'une position aussi importante que celle de la Tuilerie, des hommes qui ont croupi dans la neige pendant plusieurs mois, qui avaient pour toute arme des bâtons et qu'on envoie au feu en leur mettant entre les mains un mauvais fusil (1) qu'ils ne savent même pas charger, pour nous, ce général est plus coupable que ses soldats, parce qu'il lui appartient d'envisager les péripéties d'une bataille attendue et prévue depuis longtemps !

Le général Cathelineau organisait la défense de la Bretagne et recevait le commandement d'une division faisant partie de l'armée dite de *Bretagne*, dont le général de Colomb avait le commandement en chef. Cathelineau n'ignorait pas combien peu les Français avaient chance de ramener la victoire sous leurs drapeaux, mais il ne voulait pas désespérer, désireux qu'il était de faire son devoir jusqu'au bout. Il affectait d'avoir confiance: confiance peu ou point partagée. Aussi désirait-on la paix.

(1) Quand on leur donna des fusils, le général Marivault avait nettement déclaré que ces troupes ne pouvaient, de longtemps, être utilement employées. Le général Chanzy ayant été prévenu de cet état de choses par le colonel Delteil qu'il avait rencontré dans le Chemin-aux-Bœufs, sur la position même, avait répondu :

— Vous êtes couvert par le corps du général de Curten qui arrive par la route de Mulsanne ; ainsi, vous vous trouverez en seconde ligne. Du reste, tout va bien ; nous tenons bon partout !

Cathelineau était infatigable et ne perdait pas un seul instant de vue la mission dont il était chargé.

J'ai appris, écrivait-il au ministre de la Guerre, qu'un cinquième bataillon de mobiles de la Dordogne était complètement formé à Périgueux.

J'ai l'avantage d'avoir avec moi le 3e bataillon, commandant Marty. Ce bataillon, très bien mené par son commandant et ses officiers, a fait plus que son devoir : il s'est toujours distingué. Je viens vous prier de mettre le 5e bataillon sous le commandement de M. Marty. J'ai demandé sa nomination au grade de lieutenant-colonel ; le général en chef m'a promis de l'appuyer chaudement auprès de vous.

J'ose dire qu'en raison des services que j'ai rendus à l'armée, je compte sur cette faveur.

La demande de M. de Cathelineau n'était qu'une justice rendue au commandant Marty, mais on voit, aussi, combien il était difficile d'obtenir une récompense pour ceux qui faisaient simplement leur devoir en face de l'ennemi. Le père Marty ne fut jamais promu lieutenant-colonel. Il l'avait trop mérité !

Le 29 janvier, l'armistice nous fut officiellement annoncé par une dépêche du général Chanzy :

Un armistice de vingt et un jours vient d'être conclu par le Gouvernement de Paris. Je reçois l'ordre de la délégation de Bordeaux de suspendre immédiatement les hostilités.

J'envoie un parlementaire pour régler la question avec le commandant des troupes prussiennes en face de moi.

Nos avant-postes restent tels qu'ils sont à l'heure qu'il est.

Les Prussiens occupaient Sablé, et une de nos compagnies fut cantonnée à Grez-en-Bouère, sur la rive gauche de la Mayenne, pour garder la ligne neutre. Nos moblots éprouvaient un malin plaisir à se déguiser en naturels du pays pour aller voir les Allemands de plus près. Un sergent, Villajoux, poussait l'amour de l'observation jusqu'à passer ses soirées avec ses ennemis. Ce jeu-là devint dangereux, car peu s'en fallut qu'il ne fût fait prisonnier comme espion. Grâce à un paysan, il évita de devenir le héros d'une aventure qui aurait pu ne pas tourner à son avantage.

Les élections qui devaient envoyer à la Chambre des députés chargés de voter la paix, eurent lieu le 8 février. Éloignés de leurs départements, les hommes ne savaient pour qui voter, ignorant la composition des listes et les candidatures qui s'étaient produites. Cependant il y avait plusieurs listes qu'on finit par reconnaître, et chacun put voter en toute liberté. Le vote du bataillon des mobiles de la Haute-Garonne mérite d'être relevé. Sur 834 suffrages exprimés, Gambetta en obtenait 17, Duportal 12 quand MM. Jules Favre et de Rémusat en obtenaient 821 et 804.

Notre bataillon mettait à profit les loisirs de l'armistice pour compléter son instruction et son éducation militaires, et lorsqu'il dut quitter Château-Gontier, il avait un aspect tout autre que le jour de son arrivée. Sans être très brillant, il n'avait plus l'air d'un ramassis de déguenillés.

Un mouvement de troupes s'accentua les 18 et 19 février; les unes se dirigeaient vers Saumur, les autres vers Poitiers. On se préparait à prendre sa place de bataille dans le plan nouveau du général en chef, et bientôt nous apprîmes que notre destination était Angers, où nous arrivâmes le 22. L'armistice avait été prolongé.

Nous transcrivons ici le rapport de M. de Cathelineau adressé au général Chanzy, rapport qui résume assez fidèlement les faits et gestes de notre petit corps d'armée :

Mon général,

Depuis que je me suis adressé au ministre pour avoir des récompenses, des faits de guerre d'une importance grave se sont passés pour nous.

Pendant trois semaines, j'ai occupé la forêt d'Orléans, dont la garde m'avait été confiée, j'ai toujours repoussé l'ennemi et toujours conservé l'avantage dans les différents engagements où j'ai eu à faire donner mes troupes.

Lorsque la forêt a été prise par l'ennemi, je suis retourné l'occuper, sur l'ordre qui m'en avait été donné et, lorsque j'ai été obligé de céder devant les masses prussiennes, j'ai fait au milieu d'elle une retraite heureuse, mais non exempte de graves dangers. Cette retraite s'est opérée dans un ordre si parfait, qu'il m'a été partout facile de recueillir des vivres et des caisses de cartouches abandonnées.

Cette retraite, après les combats de chaque jour que je vous ai signalés plus haut, à mon avis, mérite récompense.

Enfin, sur votre ordre, mon général, je suis allé à Montmirail y établir les extrêmes avant-postes de votre armée.

Vous savez ce que j'y ai fait.

Depuis, à Vibraye, j'ai eu à soutenir le premier choc de trois colonnes prussiennes venant de Saint-Calais, Montmirail et la Ferté-Bernard. Grâce aux mesures que j'avais prises, à l'énergie des officiers sous mes ordres et à l'élan des troupes qui ont eu à défendre le pont de Vibraye, d'un côté, et de l'autre à opérer un mouvement offensif sur le flanc des colonnes ennemies pour couvrir la retraite de mon artillerie et de mes bagages, j'ai pu arriver, non sans pertes sérieuses dans ce combat, jusqu'à Montfort.

Là, j'ai contribué à la défense de cette ville. Nous avons résisté à l'ennemi en avant de Champagné et, là encore nous avons perdu beaucoup de monde.

A Fatine, nous avons protégé la retraite de la division Rousseau qui, sans nous, eût été coupée.

Nous sommes restés les derniers à la Guerche d'où nous ne sommes partis que lorsqu'il ne restait plus ni un bataillon, ni un bagage.

J'ajouterai que, depuis le commencement de la campagne, mes troupes n'ont eu aucun repos et que, sans cesse aux avant-postes, elles ont eu les missions les plus périlleuses et les plus difficiles.

Les fatigues, les combats, les marches, ont plus que décimé mon corps, ce qui ne l'a pas empêché d'accepter toujours et sans le moindre délai, les missions qui m'ont été confiées.

Je viens donc, mon général, sur l'avis que vous m'en avez donné, vous faire connaître les noms des officiers qui ont mérité, soit des distinctions, soit des grades.

DERNIERS COUPS DE FEU AVANT L'ARMISTICE

Je le fais avec la plus stricte réserve, ne demandant des récompenses que pour ceux qui, par leurs faits de guerre, se sont signalés d'une façon toute particulière.

M. de Cathelineau envoyait en même temps, au général en chef, son état de proposition.

Nous n'avons jamais marchandé nos éloges au chef vendéen; aussi, fort de l'impartialité que nous nous sommes efforcé de montrer dans ce récit, nous nous permettons de faire une digression et de dire quelles furent les impressions des mobiles au sujet de la conduite de M. de Cathelineau à leur égard.

Dans le rapport que nous venons de reproduire, M. de Cathelineau ne parle que de lui et de son corps vendéen. Des mobiles de la Dordogne, pas un mot! Est-ce oubli involontaire? Tant mieux car, autrement, cet oubli serait coupable!

Quoi! M. de Cathelineau attribue tout l'honneur des fatigues endurées pour la patrie, des combats livrés, à ses volontaires! Combien étaient-ils donc? Deux ou trois cents, à peine, alors qu'il y avait à coté d'eux un bataillon complet de mobiles commandés par un vrai commandant, le père Marty!

A Beaune-la-Rolande, l'honneur de la journée appartient aux mobiles de la Dordogne, de l'aveu du général lui-même, et il n'en est pas fait mention dans le rapport! A Vibraye, à part un poste de francs-tireurs qui se retira devant des forces supérieures menaçant le pont, pas un seul franc-tireur vendéen ne prit part à la lutte ! Quatre compagnies de mobiles de la Dordogne ont été engagées à Vibraye, et ce sont ces quatre compagnies qui ont montré l'énergie et l'élan dont parle M. de Cathelineau *contre trois colonnes prussiennes venant de Saint-Calais, de Montmirail et de la Ferté-Bernard,* pendant qu'il se retirait sur le Mans, emmenant avec lui ses six obusiers de montagne, ses six pétards, comme disait en riant notre brave commandant.

Notre sort a été trop intimement lié à celui des francs-tireurs, pour qu'il nous vienne jamais à l'idée de le séparer du leur. Mais, cependant, nous ne pouvons nous empêcher de protester contre l'oubli, volontaire ou involontaire, de M. de Cathelineau.

Y a-t-il eu calcul de la part de M. de Cathelineau ? Nous ne saurions l'affirmer, bien que la liste des récompenses demandées fût très longue pour le petit corps vendéen et excessivement mesquine pour notre bataillon qui, selon notre bon Lafontaine, tirait les marrons du feu pour les faire manger aux autres.

Le 3ᵉ bataillon des mobiles de la Dordogne comptait à son départ, un effectif de 180 hommes par compagnie, soit 1.440 hommes, et, à son retour, après six mois de campagne, il ne pouvait mettre sur les rangs que 467 moblots ! Le feu, les fatigues, les maladies, l'avaient réduit de près des deux tiers !

On nous accordera qu'il méritait une petite mention.
et quelques récompenses, pour son commandant,
surtout, ancien chef de bataillon de la ligne, légion-
naire depuis longtemps. Il n'en fut rien, mais, dès ce
jour, M. de Cathelineau perdit, durant la paix, l'estime et l'affection qu'il avait su acquérir pendant la
guerre. On était mécontent ; l'égoïsme avait tué à
jamais les liens qui attachaient les soldats au chef !

Les soldats n'aiment pas l'injustice !

# VIII

ANGERS. — MÉCONTENTEMENT DES FRANCS-TIREURS LICEN-
CIÉS. — UNE ÉMEUTE. — SES CAUSES. — NOUS SOM-
MES APPELÉS A ANGERS OU NOTRE ARRIVÉE CALME L'EF-
FERVESCENCE. — ON ATTEND LA PAIX.

La deuxième armée étant passée sur la rive gauche de la Loire, les gardes nationales mobilisées de Bretagne et de Normandie, soutenues par quelques troupes régulières, furent chargées de défendre le pays. Ces forces, réunies sous la dénomination de: *Armée de Bretagne,* furent placées sous les ordres du général de Colomb, commandant en chef. L'artillerie était sous les ordres de M. de Boismembrun (1).

(1) M. de Boismembrun, pendant la guerre d'Italie, était lieutenant d'artillerie. A Magenta, chargé de porter un ordre, il part au galop. Un boulet arrive qui lui enlève le bras droit. Le pli tombe à terre. Le lieutenant descend de cheval, ramasse le papier, se remet en selle et accomplit sa mission. Il fut fait chevalier de la Légion d'honneur sur le champ de bataille.

La guerre de 1870 le trouva receveur particulier à Saint-Calais. M. de Boismembrun reprend du service et est envoyé à l'armée du Rhin, comme payeur. Après la capitulation de Metz, n'étant pas com-

Certes, la nomination de ce général pouvait nous inspirer confiance, car il avait vaillamment combattu aux affaires du Mans et, le 17, bien conduit son corps d'armée. On le savait capable et expérimenté, mais on n'espérait plus. C'était fini. Voici, du reste, une lettre dont nous nous garderions d'atténuer le sens par des commentaires :

Au général de Colomb, à Yvré-l'Évêque.

Le Mans, 11 janvier 1871.

Je vous remercie de ce que vous avez fait aujourd'hui.

Je suis sûr que demain vous ferez davantage encore. Vous m'avez dit combien vous êtes satisfait du général Gougeard : je le fais commandeur. Le ministre m'a donné pleins pouvoirs pour récompenser ou punir.

Demandez-moi, je ne serai point avare.

Vous allez recevoir mes instructions : il faut, à tout prix conserver votre position.

battant, il fut laissé libre. Un jour, il se trouve dans un hôtel, à la même table que les officiers prussiens. L'un d'eux, pour le narguer, pose son casque sur la table, devant lui. L'ancien lieutenant d'artillerie prend le casque et le met sur une chaise. Le Prussien reprend le casque et le remet sur la table. Le payeur enlève le casque qu'il replace sur la chaise et, pour la troisième fois, l'Allemand mal appris en embarrasse la table. C'en est trop. Et sans se préoccuper des suites que pouvait avoir l'incident, M. de Boismembrun jette le casque à terre.

Surpris de tant d'audace, les Prussiens s'en tinrent là.

Tel était le commandant de l'artillerie de l'armée de Bretagne. Elle était en bonne main, et bien qu'il n'eût qu'un bras, on disait hardiment que M. de Boismembrun n'était pas manchot.

Je ne puis vous envoyer de troupes fraîches, je n'en ai
pas. Mais, afin de vous venir en aide, je prescris au général Jaurès de se replier sur sa droite, de venir défendre
les hauteurs en avant de Sargé jusqu'à Yvré-l'Évêque, et
de renforcer la division Gougeard de toutes les troupes
dont il pourra disposer. Il faut que le général Paris ra-
chète demain son hésitation d'aujourd'hui. Faites-lui attaquer demain les positions perdues aujourd'hui et reprendre Champagné. Prévenez-le que je récompenserai, séance
tenante, les braves qui se distingueront.

Ce que je vous demande est difficile, je le sais, mais je
sais aussi que là où vous commandez, on peut tout oser.
J'y compte.

CHANZY.

L'armée de Bretagne fut divisée en sept groupes
distincts, sur une longue ligne, de l'Océan vers l'em-
bouchure de la Dive et de l'Orne, jusqu'à la Loire,
en suivant le cours de la Mayenne. On se préparait,
malgré tout, à essayer de lutter, et on avait raison.

Ces groupes étaient commandés : le premier, par le
général Berranger ; le second, par le général de Cathelineau ; le quatrième, par le général de Charette ;
le cinquième, par le général Gougeard ; le sixième,
par le général Lipowski ; le septième, par le général
Saussier. Ces divers corps, à l'exception du troisième,
qui était corps de réserve, prirent les noms des officiers généraux qui les commandaient.

Le général de Cathelineau établit son corps d'armée sur la Mayenne, de la Loire à Château-Gontier, couvrant Angers, siège de son quartier général.

La première brigade, placée sous les ordres du commandant Marty, comprenait le 3ᵉ bataillon des mobiles de la Dordogne et se rendit à la Membrolle, à treize kilomètres d'Angers. C'est là qu'était son quartier général. Elle prit ses positions de bataille sur deux lignes : la première, partant de Grez, passait par Pruillé, la Membrolle, Juigné-Béné, Montreuil, Avrillé et le faubourg d'Angers : la seconde ligne occupait Very, Brain-sur-Longuenée, le Plessis-Macé et la Meignane.

Chaque corps avait reçu du général de Colomb ses instructions pour l'attaque, comme pour la retraite. Ces instructions étaient contresignées par le général L. Forgemol, chef d'état-major général de l'armée de Bretagne.

On était au 24 février. Durant toute la campagne, le bataillon des mobiles de la Dordogne avait marché comme un seul homme. Officiers et soldats, tous du même département, paraissaient tous frères, tant les mêmes fatigues, les mêmes dangers, les mêmes privations, les avaient liés les uns aux autres. Mais cette amitié, cette intimité, reçurent un coup fatal le jour où arrivèrent les honneurs et, avec eux, la gloriole que les moblots appelaient : des embarras ! Le père Marty faisait fonction de général. Lui, n'en était pas plus fier pour cela, car il redoutait d'être nommé à un grade supérieur qui l'eût forcé à abandonner son cher bataillon. Énergique quand il s'agissait de discipline, brave au combat, dur à la fatigue, il devenait faible dans la vie privée et subissait trop aisément l'influence de son entourage.

Donc, le commandant Marty remplissait les fonctions de général. Il fallait un état-major, un officier d'ordonnance, etc... mais ce clinquant momentané qui marquait, soi-disant, le commencement des grandeurs, ne marqua que la décadence du bataillon. Dès ce jour, plus d'unité, plus de cette camaraderie si nécessaire en campagne. Chacun tourna de son côté. Les capitaines, gros bonnets du bataillon, firent table à part. On s'était trop habitué à vivre ensemble, en face de l'ennemi, on avait trop longtemps vécu de la même vie pour, tout d'un coup, accepter cette scission qui tournait à la pose, et la pose, en temps de paix, ne devait amener que de piteux résultats.

Les hommes, accoutumés à un commandement paternel, ne comprirent rien à ce changement subit et ne conservèrent leur estime et leur affection qu'aux officiers dont les habitudes n'avaient pas changé à leur égard. Pour quiconque voulait observer, il était évident que le bataillon n'offrait plus la même cohésion, le même entrain qu'autrefois, et il eût été téméraire d'exiger de lui le quart des fatigues et des privations qu'il avait courageusement endurées.

Un cantonnement avait été assigné à chaque compagnie. Les moblots, en attendant la fin de l'armistice et la conclusion de la paix, occupaient leurs loisirs à jouer « au bouchon » sur les routes. Leur réputation, à ce jeu-là, fut très grande, et les habitants du pays ne dédaignèrent pas de prendre des leçons que, du reste, on leur donnait bien volontiers.

La lassitude, l'énervement, s'étaient emparés des soldats auxquels pesait l'oisiveté en un moment où leur présence eût été nécessaire chez eux. Ils pensaient trop à leurs familles et à la terre qui réclamait leurs bras !

Bientôt, un événement imprévu vint faire diversion. Une dépêche du général de Cathelineau appelait en toute hâte le bataillon à Angers où un commencement d'émeute s'était manifesté.

Des versions très différentes ont été produites sur les origines de cette émeute. Selon les uns, elle fut occasionnée par les francs-tireurs de Cathelineau qui se livraient, en place publique, à leurs dévotions. Selon d'autres, la jalousie des autres corps francs n'y était pas étrangère. Dans ces deux versions, il y a du vrai.

Les corps francs devaient être licenciés et désarmés, mais une exception était faite pour les volontaires qui restaient en armes, en prenant le nom de leurs

chefs Lipowski, Charette et Cathelineau. Les francs-
tireurs atteints par le décret de licenciement et désarmés, furent mécontents et jaloux, ce qui s'explique
aisément. Ceux de la Sarthe, surtout, manifestè-
rent hautement leur mécontentement bientôt partagé
par une portion de la population angevine qui voyait
avec déplaisir les volontaires de Cathelineau prier
en public. Le désarmement fut la cause principale de
l'émeute, les pratiques religieuses la déterminèrent
et amenèrent des rixes où il y eut mort d'homme.

Un jour, un sous-officier du 10ᵉ chasseurs à cheval,
appartenant au corps Cathelineau, sortait de l'hôtel
d'Anjou. Plusieurs hommes en blouse l'arrêtent et
cherchent à l'attirer dans leur camp, à lui faire épou-
ser leur querelle.

—Lâchez mon cheval, s'écrie Gérard, et restez tranquilles. On ne vous fera point de mal.

— Tu es un frère et avec nous contre ces curés qui
font leur prière en public !

— Laissez-moi passer, je porte une dépêche..

— A Cathelineau ? Canaille...

Et l'un d'eux saisit violemment la bride du cheval,
pendant qu'un autre s'efforce de désarçonner le sous-
officier.

— Ah ! ça, lâcherez-vous mon cheval, fit Gérard en
se dressant sur ses étriers, et dégainant.

— Tu ne frapperas pas un frère et tu n'iras pas porter secours aux tiens...

La foule s'amassait. Poussé à bout, Gérard prit un parti énergique.

— Lâche la bride, répéta-t-il, ou je serai obligé de cogner...

La foule commençait à crier, à devenir menaçante.

— Si tu ne lâches pas la bride, je frappe...

L'homme ne lâcha pas la bride et le sous-officier frappa. L'homme, le crâne fendu, tomba raide mort. Gérard gagna le quartier général et raconta ce qui venait de se passer. Il y avait un cadavre, l'émeute gagna du terrain. Quelques coups de feu furent tirés dans la ville où l'effervescence des jours précédents ne fit qu'augmenter.

Vers quatre heures du matin, les mobiles de la Dordogne firent leur entrée à Angers, ennuyés d'être employés à pareille besogne. Fort heureusement, il ne fut pas utile d'employer la force. Au contraire, nous fûmes accueillis avec sympathie, nous pourrions presque dire avec enthousiasme. On criait :

— Vive la mobile !

Du reste, les motifs qui avaient amené cette échauffourée, n'existaient pas contre nous, puisque nous n'étions pas des francs-tireurs et ne faisions pas de prière en public. Plusieurs francs-tireurs demandèrent même à s'engager dans notre bataillon.

M. de Cathelineau, en homme sage, ne voulant plus donner de prétexte à l'émeute, quitta Angers, et porta son quartier général au château de la Thibaudière.

Angers était absolument paisible, mais nos hommes furent parqués dans des logements infects ; la paille sur laquelle ils couchaient était réduite en poussière, dégoûtante et remplie de parasites de toute espèce. Aussi le mécontentement qui avait commencé à la Membrolle ne fit-il qu'augmenter à Angers qu'on abandonna pour retourner à la Membrolle où s'installa de nouveau l'état-major de la brigade Marty.

On n'attendait plus, maintenant, que la conclusion de la paix et le retour au pays !

# IX

LA COMMUNE DE PARIS. — APPEL DE L'ASSEMBLÉE NATIO-
NALE. — LE MÉCONTENTEMENT S'ACCENTUE. — LES
MOBILES FERAIENT ENCORE LEUR DEVOIR CONTRE L'EN-
NEMI, MAIS NE VEULENT PAS MARCHER CONTRE DES
FRANÇAIS. — LES HOMMES N'ABANDONNENT JAMAIS
CEUX QUI FURENT JUSTES ET BONS POUR EUX. — LICEN-
CIEMENT.

Les préliminaires de paix étaient signés et le licenciement ne devait plus, sans doute, être qu'une question de jours. Mais ces jours s'écoulaient dans l'at-
tente !

Déjà mécontents, les hommes prêtèrent l'oreille aux
meneurs et accusèrent les chefs de les garder sous
les drapeaux, alors que les autres gardes nationaux
mobiles désarmaient et rentraient dans leurs départements. Un souffle de coupable indépendance, de ré-
bellion même, avait passé sur le 3° bataillon des mobiles de la Dordogne.

Chaque jour, des troupes traversaient la Membrolle, allant se faire désarmer. Cela n'était pas fait

pour calmer les soldats! Aussi ne parlaient-ils que de s'en aller, seuls, puisque les officiers refusaient de se mettre à leur tête pour les ramener chez eux.

On aurait voulu rentrer avec armes et bagages chez soi : cette faveur fut refusée, ce qui contribua à augmenter la mauvaise humeur des compagnies.

Déjà M. de Cathelineau avait annoncé, dans un ordre du jour à ses francs-tireurs, leur licenciement. Pour nous, l'ordre n'arrivait toujours pas et, l'oisiveté aidant, il devenait difficile de maintenir les hommes auxquels on vantait le grand mouvement populaire qui allait se produire à Paris.

L'annonce de la Commune précipita l'explosion de la révolte.

L'Assemblée nationale faisait un appel pressant aux mobiles et aux francs-tireurs. Les murs se couvraient d'affiches blanches, demandant des volontaires pour Versailles. Un simple soldat aurait une solde journalière de deux francs. Les maires étaient invités à recruter des hommes.

On restait sourd à ces appels.

Pendant plus de six mois, on avait combattu les Prussiens, ennemis de la France, mais on était peu disposé à affronter des balles françaises! La guerre était finie; on ne voulait pas la recommencer. Aussi, combien peu le 3ᵉ bataillon des mobiles de la Dordogne était porté à aller à Versailles!

— Notre régiment, disait-il, est désarmé. Les autres bataillons rentrent en Périgord et nous, on nous garde injustement. Nous marcherons contre les Prussiens, mais nous n'irons pas à Paris!

Quelques officiers dans les honneurs ou dont les opinions étaient bien connues, excitaient les mobiles à partir.

— Jamais, répondirent-ils! Le travail nous rappelle à la maison et nous qui n'avons pas de galons, nous ne sommes pas payés pour ne rien faire!

Il eût été difficile d'obtenir une autre réponse, et ceux des officiers qui n'avaient jamais abandonné leurs hommes, qui s'étaient toujours occupés d'eux, ainsi du reste que le devoir le leur commandait, reçurent dans cette circonstance la douce récompense de leur simple et naturelle conduite. Les moblots avaient conservé pour eux, estime et affection: ils ne les abandonnèrent pas. Chacun retrouva les satisfactions légitimes auxquelles il avait droit. Quelques-unes ne furent pas sans épines.

En présence de ce mauvais vouloir, le général de Cathélineau manda auprès de lui tous les officiers du bataillon, afin d'avoir leur opinion sur la conduite à tenir. Les avis furent partagés. Les uns pensaient qu'il fallait consulter les hommes ; les autres jugeaient qu'il était préférable de ne rien dire et, selon les ordres émanés de Versailles, d'embarquer le bataillon

qui, une fois à Versailles, bien équipé à neuf et ayant
la garde de l'Assemblée nationale, marcherait sans
mot dire ; d'autres, enfin — nous étions du nombre
— proposaient d'expliquer franchement la situation
et de demander des volontaires. Ce fut le second avis
qui prévalut.

Au retour de cette espèce de conseil de guerre,
les mobiles, surexcités, en arrivèrent à insulter leur
vieux commandant. Ils l'accusaient d'ambition, alors
que le devoir, seul, le poussait à obéir. Lui, n'était
pas ambitieux, mais d'autres l'étaient joliment à sa
place qui espéraient gagner à Versailles croix, galons
et honneurs !

Le 27 mars, au point du jour, les mécontents — un
peu plus de la moitié du bataillon — partaient pour
aller se faire désarmer à Angers. Ce prompt départ
avait surpris tout le monde, excepté nous, et il était
aisé de prévoir un pareil résultat, puisque nous avions
prévenu le général Marty du complot qui se tramait.

Nous étions logé sur la rive droite de la Mayenne,
chez M. du Joncheray, où nous trouvâmes une hospitalité qu'il serait difficile d'oublier. Le 26 mars, une
députation des mobiles de notre compagnie arriva,
avec armes et bagages.

— Nous venons vous chercher, lieutenant, disent-
ils, pour que vous nous rameniez en Périgord. Nous
sommes venus ensemble, partons ensemble !

— Je vous remercie de m'avertir de vos projets, mais me mettre à votre tête serait chose coupable. Ce serait déserter, et je ne vous suivrai pas. Restez.

— Les autres compagnies s'en vont.

— Eh ! bien, laissez-les partir et ne faites pas les mauvaises têtes. Si nous restons seuls, on ne pourra rien faire de nous, et on nous désarmera. Vous ne voulez pas me laisser, par affection pour moi, dites-vous ? Prouvez-moi votre affection en ne m'abandonnant pas !

— Nous vous attendons ! répondirent les braves garçons.

Aussitôt leur départ, M. Marty fut prévenu de ce qui se passait et, soit qu'il fût difficile d'éviter le mouvement, soit qu'on n'y ajoutât pas foi, le 27 au matin, près de quatre cents mutins se dirigeaient sur Angers. Le même jour, on assembla le reste du bataillon. Le vieux commandant pleurait de rage en voyant ainsi sa troupe disloquée. Une seule compagnie avait sur les rangs autant d'hommes que toutes les autres réunies.

— Quelle est cette compagnie ?

— La mienne, mon commandant !

— Tous vos hommes sont donc restés ?

— Il m'en manque *un !*

— Ils vous aiment donc bien ?

— Ils n'abandonnent pas ceux qui ne les ont jamais abandonnés !

— Je le vois. J'ai été injuste pour vous, mais vous êtes bien vengé !

Nous étions vraiment trop vengé ! De grosses larmes coulaient le long des joues du père Marty qui, redevenu lui-même, s'efforçait d'effacer les fautes que d'autres lui avaient fait commettre.

Il est vrai qu'il était redevenu commandant, sans état-major !

A midi, nous quittions la Membrolle pour n'y plus revenir, et nous traversâmes Angers, après avoir laissé trois officiers pour rapatrier les rebelles.

Le pays que nous allions parcourir, jusqu'à Châtellerault où nous devions être désarmés, était superbe, et, après avoir passé à la Pyramide, célèbre par ses ardoisières, aux Rosiers où la Loire atteint sa plus grande largeur, on arrivait à Saumur. Ce fut dans cette ville que nous prîmes congé de nos compagnons d'armes, les Vendéens, les chasseurs à cheval et le bataillon des mobiles de la Haute-Garonne. Nous reverrions-nous jamais ?

Un mot sur le commandant du bataillon de la Haute-Garonne.

Le commandant Delmas avait des opinions très avancées et trouvait les revendications de la Commune fort anodines. C'était un homme convaincu et ne cachant pas ses idées. En nous quittant, nous échangeâmes quelques paroles.

— Prendrez-vous du service contre la Commune, demanda-t-il ?

— Non, si on ne m'y force pas !

— Donnez-moi votre photographie, voici la mienne. Il est probable que nous ne nous rencontrerons jamais. Enfin, qui sait ? Je vous dis au revoir. Ce sera peut-être sur une barricade, vous d'un côté, moi de l'autre. Ne me manquez pas si vous me voyez le premier, car je ne vous ferai pas grâce...

C'est sur cette réflexion que nous nous quittâmes, nous donnant l'accolade, car une sincère sympathie, nous pourrions dire : amitié, nous unissait. Qu'est devenu ce bon commandant ? Nous espérons qu'il a gardé ses convictions sans chercher à les faire triompher, les armes à la main !

Le 30, on arrivait à Chinon, célèbre par son château, et la patrie du *ioyeux* Rabelais. Les oubliettes y étaient encore. Le 31 nous entrions à Richelieu. Le château n'existe plus et, à sa place, un vaste établissement servait à la fabrication des cartouches pour les fusils à tabatière. La ville est bâtie en carré long : on dirait une caserne. Enfin, le lendemain, Châtellerault apparaissait. C'était la dernière étape, l'étape qui allait marquer la fin de nos fatigues et de notre vie militaire active.

# AVERTISSEMENT

Nous voici parvenu au terme de notre travail écrit
au jour le jour, sans passion; du moins, nous l'espérons.

Notre but est modeste.

On trouvera, dans ce travail, la note exacte du ca-
ractère du soldat français passant par les alternatives de l'espoir et du découragement, de la gaieté et
des larmes, selon les circonstances, selon les situations. Mais on trouvera, surtout, dans ces six mois vécus en face de l'ennemi, les sentiments qui animaient,
à cette époque, l'armée que la France dut improviser,
sentiments souvent exagérés, souvent contradictoires,
souvent faux et injustes, mais toujours sincères, basés
qu'ils sont sur les impressions du moment, sur des
documents authentiques, sur des lettres écrites à la
hâte sur le théâtre même des événements.

Donc, point d'exagération, point d'interprétations
passionnées, point de conséquences tirées depuis la
conclusion de la paix et plus ou moins justifiées
par les faits accomplis.

Ces six mois ont été vécus tristement ou joyeusement. Nous nous sommes efforcé de les raconter tels qu'ils se sont écoulés sous nos yeux, essayant de retracer une partie, un côté de cette période néfaste et douloureuse.

A l'avant-garde des armées de la Loire et du Mans, il nous a été permis d'être témoin de certains actes de courage, ignorés.

On nous pardonnera de faire revivre une page terrible de nos malheurs. Mais devons-nous ne pas nous souvenir? Parler du passé, n'est-ce pas, en tenant compte de ses cruels enseignements, assurer l'avenir et apporter un faible concours à celui qui réunira en un seul faisceau tous les documents qui doivent servir à l'histoire complète de la guerre de 1870?

FIN

# DOCUMENT

Par la terreur, l'intimidation, les Prussiens ont
tenté de tuer tout patriotisme en France. Ils en étaient
venus à menacer de coller au mur, ceux qui ne faisaient
pas partie de l'armée régulière ou défendaient le sol
natal.

Voici quelques extraits d'une ordonnance prusso-
royale du 23 avril 1813 qui appelait, à la défense de
l'Allemagne, des troupes irrégulières.

7. — Les cas échéant, de proclamer la levée en masse, le
combat auquel est appelé le Landsturm (*arrière-ban de la
nation*) est un combat de défense suprême qui sanctifie tous
les moyens. Les plus tranchants sont les préférables, parce
qu'ils font triompher la cause juste de la façon la plus
complète et la plus prompte.

8. — En conséquence, l'arrière-ban a pour mission de
barrer à la fois l'invasion et la retraite de l'ennemi, de le
tenir constamment hors d'haleine, d'intercepter ses munitions, courriers et recrues, de le tourmenter, de le priver
de sommeil, de l'*anéantir*, soit isolément, soit réuni en
corps, partout où faire se pourra, etc.

39. — Il n'est toléré ni UNIFORMES, ni INSIGNES spéciale-
ment appropriés aux défenseurs suprêmes du sol national

(Landsturmer),parce que ces insignes les rendent ʀᴇᴄᴏɴɴᴀɪꜱ-
ꜱᴀʙʟᴇꜱ *et peuvent les exposer plus facilement à la poursuite
de l'ennemi.*

65.— Ordre de détruire et d'anéantir les villages à l'approche de l'ennemi.

70. — Parmi les provisions, la farine est la première à
éloigner ou à détruire. Les boissons telles que bière, vin,
eau-de-vie, seront répandues à terre.

71. — Les moulins seront brûlés dans les contrées à
abandonner, les fontaines seront taries.

73. — Les chevaux et bestiaux qui tomberont entre les
mains des ennemis ne seront jamais remboursés. Quiconque ne les aura pas éloignés en temps utile, ne devra s'en
prendre qu'à lui-même pour le préjudice qu'il aura éprouvé.

74. — Les arbres fruitiers ne devront pas être abattus,
on abattra les fruits mûrissants ; le blé et les denrées de
toute espèce, voisins de la maturité seront réduits en cendres.

*Final.* — Uɴ ᴛᴇʟ ᴘᴇᴜᴘʟᴇ ᴇᴛ ᴜɴᴇ ᴛᴇʟʟᴇ ʀɪɢᴜᴇᴜʀ ꜱᴏɴᴛ
ʙᴇɴɪꜱ ᴅᴇ ᴅɪᴇᴜ !

Tout commentaire affaiblirait l'importance et la
portée d'un document qui prouve quelle confiance
il faut avoir dans les protestations humanitaires des
pseudo-parangons de vertu qui furent nos ennemis
pendant la guerre de 1870-1871.

# TABLE DES MATIÈRES

## PREMIÈRE PARTIE

### Campagne de la Loire.

### IV



### V



### VI



### VII



## DEUXIÈME PARTIE

### Campagne du Mans.

### I

## VI



## VII



## VIII



## IX



Mayenne, Imprimerie Ch. Colin

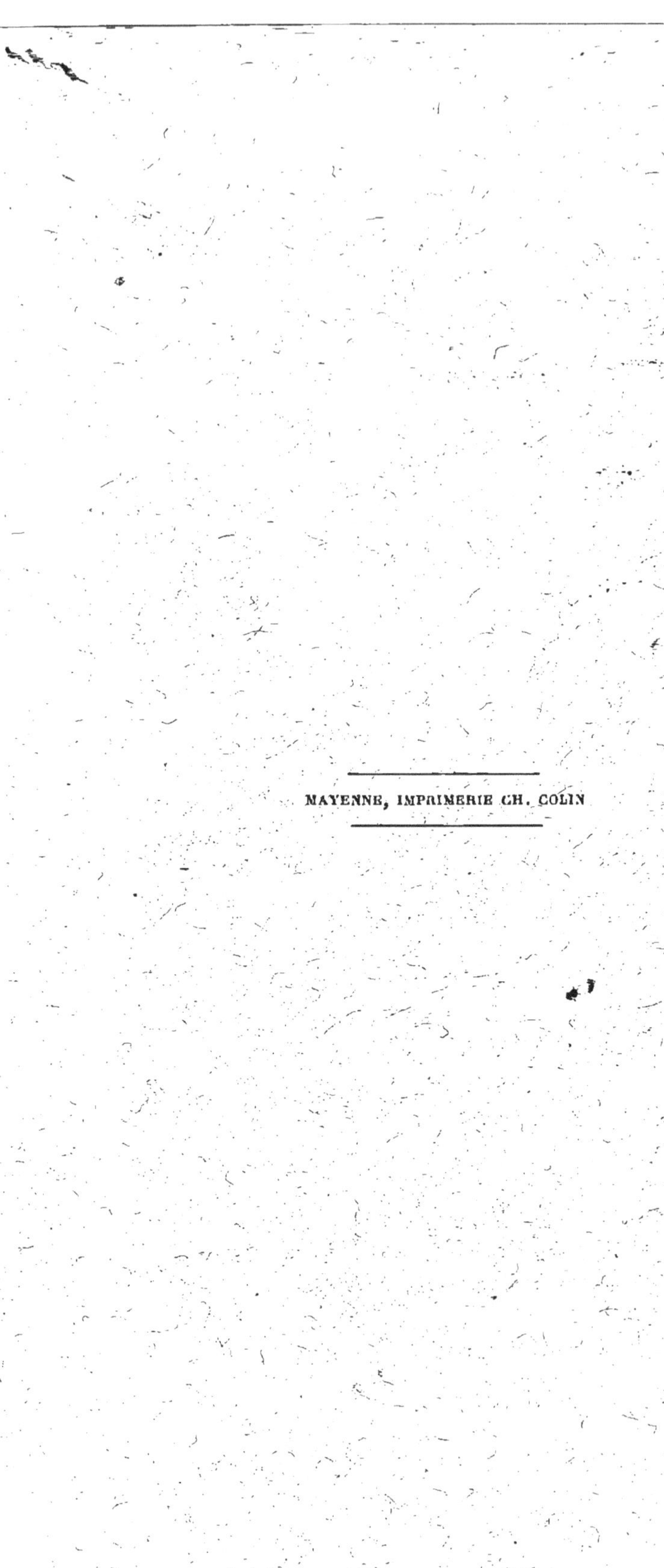

MAYENNE, IMPRIMERIE CH. COLIN